Entre les lignes

chapitre sur le plan

Entre les lignes

Christiane Thérien
Université Carleton

NELSON

™

THOMSON LEARNING

Australia • Canada • Mexico • Singapore • Spain • United Kingdom • United States

For more information contact
Nelson Thomson Learning,
1120 Birchmount Road,
Scarborough, Ontario,
M1K 5G4.
Or you can visit our Internet site at
http://www.nelson.com

For permission to use material from this text or product, contact us by
Tel 1-800-730-2214
Fax 1-800-730-2215
www.thomsonrights.com

Canadian Cataloguing in Publication Data
Thérien, Christiane, 1953-
Entre les lignes

ISBN 0-7747-3613-5

1. French language—Textbooks for second language learners—English speakers.*
2. French language—Readers (Higher). 3. French language—problems, exercises, etc. I.Title

PC2129E5T58 1998   448.6'421   C97-931998-6

Acquisitions Editor : Heather McWhinney
Developmental Editor : Martina van de Velde
Assistant Production Co-ordinator : Shalini Babbar

Copy Editor : Édition électronique Niche
Cover and Interior Design : Édition électronique Niche
Typesetting and Assembly : Édition électronique Niche
Printing and Binding : Webcom Limited
Cover Photograph : Patric Dean/TCO/Canada In Stock

This book was printed in Canada.
4   5   6   03   02   01

Avant-propos

Entre les lignes est un manuel destiné aux étudiants de français langue seconde de niveaux intermédiaire-fort et avancé. Il vise à améliorer les compétences en lecture, à favoriser l'enrichissement du vocabulaire et à encourager l'expression orale et l'expression écrite. Le manuel comprend dix-neuf textes accompagnés chacun d'exercices classés sous les rubriques suivantes : anticipation, compréhension, vocabulaire, discussion, composition et activités. Ces exercices visent la mise en œuvre de stratégies d'apprentissage telles que l'activation des connaissances antérieures, l'inférence, la contextualisation, la reformulation, la reconnaissance de mots apparentés, l'usage du dictionnaire et la coopération.

Textes

Les textes ont été choisis en fonction de leur niveau de difficulté linguistique et de l'intérêt qu'ils peuvent susciter auprès des étudiants des collèges et universités. Tirés de revues et de journaux contemporains, ils offrent un large éventail de sujets traitant de préoccupations et de phénomènes actuels. On les a regroupés sous les thèmes suivants : *Être étudiant de nos jours*, *L'argent mène-t-il le monde ?*, *Phénomènes sociaux*, *Une question d'identité*, *Le corps et l'esprit*, *Visions d'avenir*.

Exercices

Anticipation

La section *Anticipation* doit précéder la lecture du texte. Elle vise une sensibilisation au thème général de l'article. L'étudiant devra répondre oralement à quelques questions qui font appel à ses connaissances sur le sujet. Cette activité se prête bien au travail de sous-groupes.

Compréhension

Les questions de la section *Compréhension*, par leur formulation, exigent de l'étudiant qu'il comprenne véritablement le texte. Elles font appel à la mise en oeuvre de stratégies de lecture telles que la cohésion (organisation des idées), la comparaison, les indices contextuels et l'inférence. L'exercice de compréhension peut être préparé à l'extérieur de la classe et faire ensuite l'objet d'une vérification avec le professeur.

Vocabulaire

Les exercices de vocabulaire visent l'acquisition et l'assimilation de mots et d'expressions tirés du texte. L'étudiant devra accomplir les tâches suivantes : trouver le sens de mots ou groupes de mots à l'aide d'indices contextuels ; relever des mots de même famille ; compléter des phrases ; associer des termes à leur définition ; trouver des synonymes et des mots apparentés ; répondre oralement à des questions ou en formuler à l'aide de mots ou d'expressions présents dans le texte.

Discussion

Les sujets de discussion se prêtent aux échanges en sous-groupes comme aux conversations générales en classe. Les questions font porter le débat sur le thème central du texte ou sur des sujets qui y ont trait. Elles font aussi appel à l'expérience de l'étudiant, l'invitant à exprimer et à défendre ses opinions personnelles.

Composition

Les sujets de composition englobent divers types d'écrits : textes descriptifs, informatifs ou persuasifs, lettres et critiques. On encouragera l'étudiant à réemployer les connaissances nouvellement acquises dans les exercices précédents.

Activités

Les activités suggérées correspondent aux thèmes abordés dans les textes. Elles favorisent l'interaction entre les étudiants et les invitent à entrer en contact avec divers aspects de la culture francophone. De plus, elles font appel à leur créativité, leurs intérêts et leurs connaissances générales.

Plusieurs types d'activités sont proposées. Il reviendra aux professeurs et aux étudiants de choisir celles qui conviendront le mieux à leurs goûts et intérêts.

Il est possible de réaliser ces activités de plusieurs façons :

- projet à long terme : le professeur peut établir en début de session une liste des chapitres à couvrir. Il demandera alors aux étudiants de former des sous-groupes qui devront choisir un texte et préparer, pour une date prévue par le professeur, une des activités suggérées (par exemple, enregistrement sur bande vidéo d'une émission de télévision et préparation d'une discussion) ;
- projet à court terme : le professeur peut demander aux étudiants de préparer une activité pour la semaine suivante (par exemple, recherche du sens d'expressions idiomatiques) ;

- devoirs : certaines activités peuvent prendre la forme d'un devoir à remettre (par exemple, recherche d'un article) ;
- activités spontanées en classe (par exemple, débat).

Remerciements

Je tiens d'abord à remercier Joan-Isabelle Glidden (Université d'Ottawa) et Brigitte Vincent-Smith (Université Carleton) qui, en plus d'expérimenter une grande partie du matériel dans leur cours, ont lu attentivement tous les textes et exercices de même que suggéré de précieuses modifications. La générosité et le soutien de ces deux collègues et amies ont été pour moi une source de motivation importante pendant l'élaboration du manuscrit. Je souligne aussi la généreuse disponibilité de mes collègues de l'Université Carleton et de l'Université d'Ottawa, qui ont bien voulu fournir des commentaires utiles au parachèvement du matériel : Chantal Dion, Lynda Dupuis, Nandini Sarma, Angela Hinton, Agnès Babillon, Micheline Pellerin, Marie-Claude Tréville, Marie Chrétien, Benoît Leblanc et Sinclair Robinson. Ma reconnaissance va aussi à Beatrice « Trixi » Magyar qui a consacré de nombreuses heures à taper les textes, à André Thérien et Renée Godbout qui ont fait une lecture finale et détaillée du manuscrit, ainsi qu'à Mario Haché qui a fourni les réponses aux exercices. Je remercie également l'Université Carleton pour l'aide qu'elle m'a accordée. J'exprime ma gratitude à toute l'équipe de Harcourt Brace Canada pour leur soutien et la conscience professionnelle dont elles ont fait preuve pendant la réalisation de cet ouvrage. Finalement, je tiens à exprimer une reconnaissance toute spéciale à mon mari, Paul Davis, pour ses encouragements et sa patience infinie, ainsi qu'à notre fils, Félix, pour sa magnifique et contagieuse bonne humeur.

Christiane Thérien
Université Carleton

Note de l'éditeur aux enseignants et aux étudiants

Ce manuel est un élément essentiel de votre cours. Si vous êtes enseignant, vous aurez sans doute examiné attentivement un certain nombre de manuels avant d'arrêter votre choix sur celui qui vous aura paru le meilleur. L'auteure et l'éditeur du présent ouvrage n'ont ménagé ni temps ni argent pour en garantir la qualité : ils vous savent gré de l'avoir retenu.

Si vous êtes étudiant, nous sommes convaincus que ce manuel vous permettra d'atteindre les objectifs fixés pour votre cours. Une fois le cours terminé, vous trouverez que l'ouvrage n'a rien perdu de son utilité et qu'il a donc sa place dans votre bibliothèque : conservez-le précieusement.

Enfin, nous serions très heureux d'avoir votre avis sur ce manuel. Ayez l'amabilité de nous renvoyer la carte-réponse qui se trouve à la fin de l'ouvrage. Votre opinion nous aidera à poursuivre la publication d'ouvrages pédagogiques de qualité.

Table des matières

4. Une question d'identité

5. Le corps et l'esprit

6. Visions d'avenir

Sources

ARTICLE 1

LES MÉTIERS
ONT ENCORE UN SEXE

*Après trente ans de féminisme, les filles boudent toujours
les sciences, l'aéronautique, la mécanique...
Pression sociale ? Éducation ? Génétique ?*

« *L*es filles sont très performantes à l'école. Mais ces bons résultats ne se traduisent toujours pas en réussite sociale. » Trente ans de féminisme, de discrimination positive et de lutte acharnée aux stéréotypes ne semblent pas avoir donné aux filles le goût d'investir les écoles de génie, d'informatique ou les usines d'hélicoptères, constate Anne Thibault, agente de recherche à la coordination à la condition féminine du ministère de l'Éducation du Québec. Depuis une dizaine d'années, elle sillonne les écoles secondaires, conçoit des vidéos, prépare des rencontres et organise des concours pour promouvoir chez les filles la formation professionnelle non traditionnelle.

Pourquoi ? Les filles s'orientent encore tout naturellement vers des secteurs... de filles. Ainsi une majorité des étudiantes du secondaire professionnel continuent de s'inscrire en coiffure, en soins esthétiques, en secrétariat et en soins de santé. Pendant ce temps, les garçons choisissent des techniques qui leur assurent de meilleures chances de décrocher un emploi.

Plus de filles que de garçons atteignent le cégep[1], mais elles s'orientent surtout vers la formation générale. Lorsqu'elles

---

1 Cégep : abréviation de *collège d'enseignement général et professionnel*. Établissement public québécois d'enseignement collégial général ou professionnel.

20   choisissent la formation technique, elles boudent les sciences et
la technologie. En techniques administratives par exemple, les
filles sont majoritaires dans toutes les options... sauf en informatique, où elles représentent moins du tiers des diplômés.

À l'université, la situation ne s'améliore guère. En nombre, les
25   filles dominent, mais au premier cycle seulement. Et on les retrouve le plus souvent concentrées dans les arts, les lettres, les sciences
humaines ou les communications, des secteurs qui affichent les
plus bas taux de placement.

Les vieux démons

30   Pourtant, durant toute une partie de leur formation scolaire,
les filles sont plus fortes que les garçons en mathématiques et en
sciences. Qu'est-ce qui fait qu'elles se désintéressent progressive-
ment de ces disciplines, qu'elles désertent les métiers techniques?

Anne Thibault l'a demandé à plusieurs reprises aux étudi-
35   antes. Celles du secondaire identifient plusieurs obstacles: le
manque d'information, l'absence de modèle, le manque de soutien de la famille et de l'école, les rapports difficiles avec les
garçons, les difficultés d'embauche, la discrimination.

«Je crois que l'un des problèmes majeurs, ajoute Pierre
40   Doray, sociologue et professeur à l'Université du Québec à
Montréal (UQAM), c'est que ces adolescentes ne voient pas beaucoup de femmes exercer des métiers non traditionnels. Et ce n'est
pas la présence à l'école d'une femme mécanicienne en aéronautique qui sera très déterminante... Tant qu'il n'y aura pas une
45   masse critique de femmes qui font des métiers dits d'homme, les
jeunes filles devront avoir beaucoup de force de caractère pour se
dire: "Moi, j'irai travailler dans cette usine." Vous savez, les garçons y font toujours le même genre de farces, ça n'a pas beaucoup
changé.»

50   À l'adolescence, au moment justement où les filles font leurs
premiers choix de carrière, elles sont confrontées à des stéréotypes. Encore et toujours, les garçons aiment les filles douces et

conciliantes, avec des cheveux longs s'il vous plaît! «Alors si une fille s'amuse à faire de la mécanique auto, son image va en prendre un coup! dit Anne Thibault. Et c'est très difficile à affronter à cet âge-là. »

De nombreuses études ont également pointé du doigt la façon même d'éduquer les filles pour expliquer en partie leurs hésitations à rompre avec les traditions. Les modèles de comportements féminins présentés aux filles ne les prédisposent pas à foncer et à avoir confiance en elles. Ainsi, quand vient le temps de choisir une carrière, elles s'orientent plutôt vers des secteurs qui leur sont plus «naturels», là où elles peuvent exploiter par exemple leur capacité à communiquer et leur intérêt pour les relations interpersonnelles.

À l'inverse, les qualités qu'on apprend aux garçons à développer, telles que l'affirmation de soi, l'individualisme, la compétitivité ou combativité, les conduisent vers des carrières qui semblent plus difficiles – et qui demandent des mathématiques.

Mais il y a aussi la conception même du travail ou de la carrière qui influence les orientations. Les filles perçoivent le travail comme un moyen de s'épanouir et de rendre service à la société. Alors que pour les garçons, le travail permet avant tout de vivre à l'aise financièrement.

Certains cherchent d'autres raisons à ce désintérêt des filles pour les sciences, la technologie ou la finance. Des causes plus profondes, voire innées. Jusqu'à tout récemment, on rejetait ce discours. Pourtant, plusieurs études parlent désormais d'affinités qui vont au-delà de l'éducation et de la pression sociale.

Adapté de Martine Turenne, *Châtelaine*

Anticipation

1. Pour vous, le travail est-il principalement une façon de vous épanouir ou un moyen de vous enrichir ?

2. Connaissez-vous des hommes ou des femmes qui occupent des emplois traditionnellement réservés au sexe opposé ?

3. Travaillez en groupes de trois. Établissez une liste des critères qui vous semblent les plus importants dans le choix d'un emploi.

Compréhension

1. Qu'est-ce qu'Anne Thibault essaie de faire ?

2. Qu'est-ce qui différencie les filles des garçons au secondaire professionnel ?

3. Quels sont les deux types de formation offerts dans les cégeps ? Dans quel type de formation retrouve-t-on le plus de filles ?

4. Que signifie le verbe en italique dans la phrase suivante : «...elles *boudent* les sciences et la technologie... » ? *(ligne 20)*

5. Qu'est-ce qui caractérise les domaines d'études dans lesquels s'inscrivent le plus souvent les filles à l'université ?

6. Relevez entre les lignes 39 à 65 trois raisons possibles du désintérêt des filles pour la science.

7. Relevez dans les deux derniers paragraphes deux autres raisons pouvant expliquer cette situation.

8. Expliquez de quel discours il s'agit dans la phrase : « Jusqu'à tout récemment, on rejetait ce discours. » *(ligne 77)*

Vocabulaire

A. Remplacez le terme entre parenthèses par un synonyme qui figure dans le texte. Le chiffre renvoie à la ligne appropriée. Faites les transformations grammaticales nécessaires.

    a) Madame Thibault tente de _____ (encourager) la formation professionnelle non traditionnelle. *(10)*

    b) Les garçons _____ (se dirigent) plus facilement vers les sciences. *(12)*

    c) Les techniciens du niveau collégial _____ (obtiennent) facilement un emploi. *(17)*

    d) Les filles _____ (fuient) les métiers techniques. *(33)*

B. À l'aide du contexte et de votre dictionnaire, expliquez en français le sens des expressions en italique dans les phrases suivantes. Le chiffre renvoie à la ligne où se trouve l'expression dans le texte.

    a) ...son image va *en prendre un coup*... *(54)*

    b) ...des études *ont pointé du doigt* la façon même d'éduquer les filles. *(57)*

C. Complétez le texte à l'aide de la liste de mots ci-dessous. Faites les transformations grammaticales nécessaires.

    foncer, bouder, manque, soutien, éduquer, taux, comportement

Malgré les efforts des féministes des trente dernières années, les filles semblent toujours _____ *(1)* les sciences. À l'université, elles s'inscrivent dans des secteurs qui affichent les plus bas _____ *(2)* de placement. Pourquoi en est-il ainsi ? Certains identifient, entre autres, le _____ *(3)* d'information et le peu de _____ *(4)* de la famille et de l'école comme causes possibles. D'autres croient que les modèles de _____ *(5)* féminins présentés aux filles ne les prédisposent pas à _____ *(6)*. La façon même de les _____ *(7)* ne leur permet pas de rompre facilement avec les traditions.

D. *Pratique orale du vocabulaire*
Travaillez deux par deux. À tour de rôle, posez les questions à votre partenaire qui devra répondre à l'aide des mots ou expressions soulignés.

Étudiant(e) A

1. Est-ce facile pour toi de <u>décrocher</u> un emploi ?

2. As-tu hésité avant de <u>t'inscrire</u> à ce cours ?

3. Les filles sont-elles plus nombreuses au premier ou au deuxième <u>cycle universitaire</u> ?

4. Les entreprises <u>embauchent</u>-elles facilement des étudiant(e)s l'été ?

Étudiant(e) B

1. Dans ta famille, la <u>combativité</u> est-elle une valeur importante ?

2. Dans quels domaines d'études la plupart de tes ami(e)s <u>se sont-ils/elles orienté(e)s</u>?

3. Y a-t-il des femmes dans ta famille qui <u>exercent</u> des métiers non traditionnels ?

4. Connais-tu des <u>diplômé(e)s</u> en aéronautique ?

Discussion

1. Les domaines d'études choisis par les étudiant(e)s de votre groupe confirment-ils l'information présentée dans le texte ?

2. À votre avis, les filles sont-elles « naturellement » plus douées que les garçons dans le domaine des relations interpersonnelles ? Est-il vrai que les filles ont peur de foncer ?

3. Avez-vous choisi le secteur dans lequel vous voulez travailler ? Si oui, qu'est-ce qui a motivé votre choix ?

4. Y a-t-il des emplois qui vous intéressent et qui semblent encore aujourd'hui réservés au sexe opposé ? Seriez-vous mal à l'aise d'occuper ces emplois ?

5. Que pensez-vous de la discrimination positive dans les entreprises ?

6. Selon le texte, l'une des raisons pouvant expliquer le désintérêt des filles pour les sciences est le manque de soutien de la famille et de l'école. Qu'en pensez-vous ?

7. D'après ce que vous connaissez du marché du travail actuel, quels seront, dans cinq ou six ans, les secteurs gagnants et les secteurs perdants ?

Composition

Choisissez dans le texte au moins huit expressions ou mots qui sont nouveaux pour vous et incorporez-les dans votre composition. Soulignez-les afin que votre professeur puisse les repérer facilement.

1. Vos parents sont très inquiets parce que vous avez décidé d'étudier dans un domaine non traditionnel. Écrivez-leur une lettre dans laquelle vous tenterez de les convaincre que vous avez fait un très bon choix.

2. Quelle est votre conception du travail ?

3. Avez-vous déjà été victime de stéréotypes sexistes dans un emploi ? Racontez votre expérience.

4. Pression sociale, éducation, génétique : qu'est-ce qui semble jouer le plus grand rôle, selon vous, dans le choix de carrière ?

Activités

1. *Offres d'emploi*
   Consultez les sections *Offres d'emploi* parues récemment dans deux journaux de langue française. Établissez une liste des secteurs les plus en demande à partir des emplois offerts. Formez des groupes de quatre. Présentez un compte rendu oral de vos recherches à vos camarades et discutez-en.

2. *Combien de garçons et de filles ?*
Faites des recherches afin d'obtenir des renseignements sur le nombre de filles et de garçons inscrits dans les différents programmes du collège ou de l'université que vous fréquentez. Discutez du résultat de vos recherches avec vos camarades et commentez-les à la lumière de l'information présentée dans le texte « Les métiers ont encore un sexe ».

3. *Un emploi non traditionnel*
Faites une recherche sur une personne qui occupe un emploi considéré habituellement comme non traditionnel. Présentez le résultat de votre recherche à vos camarades et discutez-en.

(*Suggestion pour les activités 2 et 3* : le professeur peut désigner un groupe comme responsable de la préparation et du déroulement de l'activité.)

ADAPTER L'UNIVERSITÉ AUX ÉTUDIANTS

C omme chaque année à cette date je n'ai pas terminé la correction des travaux des étudiants. Les copies d'examens sont accumulées et répandues sur la table. Comme chaque année je corrige le jour de Noël mais, cette fois, j'ai devant les yeux un paysage féerique : le fleuve Saint-Laurent charriant ses glaces au pied de Cap-à-l'Aigle. Parfois, devant une copie, l'ennui me prend (hé oui !) et je me mets alors à vagabonder en pensées sur des sujets divers. Cette fois-ci mes pensées se sont arrêtées sur ceux et celles qui ont trimé dur pour répondre à mes exigences de cours. Leurs conditions économiques et sociales sont bien différentes de celles que j'ai connues quand je subissais moi aussi les affres des examens.

À cette époque, la très grande majorité des étudiants l'étaient à temps plein de septembre à la fin avril et obtenaient un emploi à plein temps pour les quatre autres mois, le plus souvent dans le secteur public ou à l'université même, comme assistant de recherche. Je me rappelle, un été j'avais obtenu un emploi dans un ministère à Ottawa. Chaque matin j'arrivais avec mon quotidien favori. Au bout de quelques semaines un compagnon de travail, plus audacieux que les autres, me demanda de quel pays venait mon journal. Je compris un peu mieux la complexité canadienne et je me replongeai dans la lecture du *Devoir*. L'épargne de

ces mois d'été et les prêts-bourses nous permettaient d'étudier à temps complet l'année suivante et de rester dans les murs de
25   l'université plus longtemps. Nous étions totalement imbibés des vapeurs universitaires, même de celles de la cafétéria, haut lieu de construction de mondes nouveaux.

Aujourd'hui, la situation des étudiants est tout autre. Il n'y a plus autant de ces emplois d'été salvateurs. Toute l'année, la très
30   grande majorité des étudiants travaillent à temps partiel et essaient de prendre le nombre de cours nécessaires pour être admissibles aux prêts-bourses, souvent au-delà du possible. Beaucoup d'entre eux ont aussi des responsabilités familiales qui étaient inconnues il y a vingt ou trente ans à la plupart d'entre
35   nous. On ne refait plus le monde à la cafétéria, le temps manque et l'université est devenue un lieu de passage entre le travail et la maison.

Mais l'université, quant à elle, a bien peu changé, elle s'est bien peu adaptée à ces nouveaux étudiants. Les cours se donnent
40   toujours massivement à l'automne et à l'hiver, les quelques rares cours d'été sont concentrés sur une session intensive de sept semaines, ce qui est anti-pédagogique. Un étudiant, pour être à temps plein, doit suivre au moins quatre cours par trimestre s'il veut avoir accès à un prêt-bourse de Québec. Les centaines de
45   millions de dollars investis dorment sous forme de locaux en bonne partie vides cinq mois durant. [...]

Mieux répondre aux besoins des étudiants serait facile. Ainsi, mieux aménager « temps d'étude et temps de travail » permettrait d'assurer une meilleure qualité de la formation et même de faire
50   des économies. Pourquoi ne pas offrir trois véritables sessions d'études de 15 semaines chacune ? Chacune d'elles aurait un nombre égal de choix de cours. Il faudrait aussi redéfinir le statut d'étudiant à temps plein non plus sur une base trimestrielle mais sur une base annuelle, avec plus de huit cours par année au lieu
55   de plus de quatre cours par session.

Ce changement permettrait d'intensifier l'utilisation du capital fixe des établissements, amenant ainsi des économies dans les dépenses d'infrastructures très onéreuses et éventuellement d'augmenter les fonds consacrés aux bibliothèques et à l'informatique. Une planification annuelle de la programmation et des inscriptions exigerait sans doute moins de dépenses de fonctionnement, moins de paperasse. Le désengorgement des trimestres d'automne et d'hiver bénéficierait aux personnels de soutien, le travail étant mieux réparti. Les professeurs également pourraient mieux organiser leur tâche.

En effet, tout en maintenant leur droit de n'être pas tenu à enseigner plus de deux sessions consécutives, pourquoi fixer la période d'arrêt l'été ? Pour plusieurs, cette nécessaire pause dans l'enseignement, qui a comme but de réserver à la recherche un moment plus intense dans l'année, serait mieux située à un autre moment de l'année, parfois pour de simples raisons climatiques.

Ces petits changements fonctionnels donneraient aux étudiants qui le souhaitent une possibilité de mieux vivre et d'être plus disponibles pour l'acquisition de connaissances. Travailler, avoir une famille et subir cinq examens à la fin d'une session n'est pas seulement un exploit, d'autant plus si les examens sont réussis, c'est un gaspillage de ressources et un bourrage de crâne dangereux. On parle de mieux encadrer les étudiants, mais il faut commencer par adapter les universités à mieux les recevoir en respectant leurs conditions de vie qui ne sont plus celles d'un autre âge. La formation n'est pas uniquement celle obtenue dans les salles de cours, elle s'acquiert aussi, et parfois plus, par les contacts et discussions de corridors ou de cafétéria.

Bernard Élie, *Le Devoir*

Anticipation

Travaillez en groupes de trois. Essayez d'imaginer quelles recommandations peut faire Bernard Élie dans cet article du journal *Le Devoir*.

Compréhension

1. Où se trouve Bernard Élie lorsqu'il rédige cet article ? Que fait-il généralement à cette période de l'année ?

2. De qui l'auteur parle-t-il à la fin du premier paragraphe ?

3. À l'aide du contexte, expliquez le sens de l'expression « ont trimé dur ». *(ligne 9)*

4. En vous servant du contexte, expliquez ce que veut dire l'auteur quand il écrit : « Je compris un peu mieux la complexité canadienne... » *(ligne 21)*

5. Comment Bernard Élie arrivait-il à survivre financièrement quand il était étudiant ?

6. Relevez deux différences entre la situation des étudiants du temps de Bernard Élie et celle des étudiants d'aujourd'hui. *(lignes 13 à 37)*

7. Résumez en quelques mots les exemples fournis par l'auteur pour illustrer le fait que l'université n'a pas changé depuis plusieurs années. *(lignes 38 à 46)*

8. Relevez deux recommandations faites par l'auteur pour améliorer la situation des étudiants. *(lignes 47 à 55)*

9. Expliquez brièvement en vos propres mots trois avantages que voit l'auteur à répartir l'année universitaire sur trois sessions. *(lignes 56 à 65)*

10. De qui est-il question dans le paragraphe commençant à la ligne 66 ?

11. À partir du contexte, expliquez le sens de l'expression « bourrage de crâne ». *(ligne 77)*

Vocabulaire

A. Complétez les phrases suivantes avec des mots ou des expressions qui figurent dans le texte. Le chiffre renvoie à la ligne appropriée. Faites les transformations grammaticales nécessaires.

a) Quand on voyage le long du fleuve Saint-Laurent, on voit des —————— magnifiques. (5)

b) Pour obtenir un ——————, on doit être étudiant à temps plein. (23)

c) Pour être à temps plein, un étudiant doit —————— au moins quatre cours. (43)

d) Les gouvernements réduisent de plus en plus les —————— accordés à la recherche. (59)

e) La —————— administrative est inévitable quand on s'inscrit à l'université. (62)

B. Remplissez le tableau suivant. Un des deux mots que vous devez inscrire se trouve dans le texte à la ligne indiquée. Si vous ne connaissez pas l'autre mot, consultez votre dictionnaire (il peut y avoir plus d'un mot par espace).

VERBE (INFINITIF)	ADJECTIF	NOM	
	corrigé(e)		(2)
admettre			(32)
		concentration	(41)
	économique		(50)
planifier			(60)
	inscrit(e)		(61)
fonctionner			(72)
	acquis(e)		(74)
gaspiller			(77)

C. À l'aide du contexte et de votre dictionnaire, expliquez en français le sens des mots (ou groupes de mots) en italique dans les phrases suivantes. Le chiffre renvoie à la ligne où se trouvent le mot (ou les mots) dans le texte.

mettre / se mettre
...je *me mets* à vagabonder en pensées...   (7)
Je *mets* mes livres dans mon casier.

répondre
Il faut travailler très fort pour *répondre* aux exigences de ce cours. (9)
Les étudiants *répondent* aux questions du professeur.

au bout (de) / le bout (de)
Au bout de quelques semaines...   (19)
La cafétéria est *au bout* du corridor.
Il fait tellement froid que j'ai *le bout* des doigts complètement gelé.

D. *Pratique orale du vocabulaire*
Travaillez deux par deux. À tour de rôle, posez les questions à votre partenaire, qui devra répondre à l'aide des mots ou expressions soulignés.

Étudiant(e) A

1. Que penses-tu des <u>critères d'admission</u> de notre université (collège)?

2. Quel est le plus beau <u>paysage</u> que tu aies jamais vu?

3. Ton emploi d'été te permet-il d'<u>épargner</u> suffisamment pour payer tes frais de scolarité?

4. Les administrateurs devraient-ils mieux <u>planifier</u> l'inscription?

Étudiant(e) B

1. Es-tu admissible à un <u>prêt-bourse</u>?

2. L'auteur propose-t-il des <u>changements</u> réalistes?

3. Les <u>fonds consacrés</u> aux bibliothèques sont-ils suffisants?

4. Trouves-tu qu'il y a trop de <u>paperasse</u> administrative à l'université?

Discussion

1. Que pensez-vous des solutions proposées par l'auteur pour répondre aux besoins des étudiant(e)s ? Accepteriez-vous de suivre des cours pendant trois sessions ?

2. Selon certains professeurs, les étudiant(e)s sont souvent trop pris par leur emploi et ne consacrent pas suffisamment de temps à leurs études. Qu'en pensez-vous ?

3. Étudier pour les examens est-il l'équivalent pour vous d'un « bourrage de crâne » ?

4. Selon vous, quelle devrait être la place de la recherche par rapport à l'enseignement dans la tâche des professeurs ?

5. Commentez la dernière phrase du texte : « La formation n'est pas uniquement celle obtenue dans les salles de cours, elle s'acquiert aussi, et parfois plus, par les contacts et discussions de corridors ou de cafétéria. »

6. Que pensez-vous du système d'évaluation dans vos cours ? Est-il juste ? Quelles suggestions pouvez-vous faire pour l'améliorer ?

7. Certaines universités sont-elles meilleures que d'autres ? Quels critères peut-on employer pour faire ce genre de classement ? Que pensez-vous des classements faits par des magazines tels que *L'actualité*, *Maclean's*... ?

Composition

1. Quel doit être le véritable rôle de l'université ?

2. Rédigez un texte dans lequel vous essayez de convaincre les étudiant(e)s d'une école secondaire de s'inscrire à votre collège ou université ?

Activités

1. *Préparation d'un documentaire*
    En groupes de deux ou trois, préparez un petit documentaire sur bande vidéo dont l'objectif est de convaincre les étudiant(e)s d'une école secondaire de s'inscrire au collège ou à l'université que vous fréquentez.

    (*Suggestion* : le professeur pourrait désigner un groupe comme responsable de cette activité.)

2. *Un bon professeur*
    Quelles sont les principales caractéristiques du professeur idéal ? Choisissez le domaine d'enseignement de votre choix.
    Menez une enquête auprès des membres de votre famille et de vos ami(e)s afin de connaître leur opinion à ce sujet. Présentez-leur une liste des six caractéristiques que vous jugez les plus importantes et demandez-leur de les commenter. De retour en classe, formez des groupes de trois ou quatre. Présentez les résultats de votre enquête aux membres de votre groupe et discutez-en.

2 L'argent mène-t-il le monde ?

À LA RECHERCHE DE L'ARGENT ROSE

Depuis bientôt deux ans, les Rôtisseries Saint-Hubert annoncent dans le magazine montréalais *Fugues*. Parmi les 120 000 lecteurs de cette publication, la moitié ont un diplôme universitaire, gagnent plus de 30 000 dollars par année et occupent un poste de cadre ou d'entrepreneur. Ils font aussi en moyenne trois voyages par année et adorent dépenser, surtout pour les belles choses. Autre caractéristique : ils sont gais.

L'argent rose est à la mode. Il y a deux ans, IKEA a diffusé aux États-Unis une pub à la télé où l'on voyait un couple homosexuel cherchant des meubles. Le printemps dernier, AT&T a publié un message affichant des partenaires du même sexe dans le magazine américain *The Advocate*, l'équivalent gai du *Time*. General Motors l'a imitée en achetant deux pages de publicité dans le magazine gai américain *OUT*. Depuis, Perrier, Évian, Rémy Martin, Mazda, SAAB, Coors, American Express tentent, elles aussi, de s'approprier leur part des dollars roses.

Les homosexuels représenteraient un marché de 400 milliards de dollars aux États-Unis et de 40 milliards au Canada. Ce n'est pas qu'ils sont plus riches que la moyenne de la population, « mais un foyer composé de deux hommes a un revenu plus élevé qu'un foyer hétérosexuel parce que les femmes gagnent moins que les hommes », explique Anne Darche, présidente de l'agence de publicité Natcom.

Au Québec, Saint-Hubert n'est pas seule à faire la cour aux
25 homosexuels. Parmi les annonceurs réguliers de *Fugues* se trouvent des noms comme Pizzédélic, Georges Laoun Opticien ainsi
que les brasseries Labatt et Molson. Sans compter des agents
immobiliers, des dentistes, des agences de voyages et des con-
seillers financiers.

30 « On a suffisamment pressé le citron de la famille traditionnelle composée de papa, maman, un ou deux enfants et un chien,
il faut se trouver de nouveaux marchés. Les jeunes, les ethnies et
les gais sont toutes des avenues sous-estimées », soutient Anne
Darche. En mai dernier, la publicitaire a d'ailleurs étonné son
35 auditoire, les concessionnaires d'automobiles de Montréal, en
leur parlant du pouvoir d'achat inexploité de la communauté
homosexuelle. « Une fois la surprise passée, ils ont écouté
sérieusement », indique-t-elle.

Certaines entreprises offrent des produits destinés spéciale-
40 ment à la clientèle homosexuelle. Depuis novembre, le grossiste
Tours Mont-Royal propose les forfaits *Soleil au masculin*, une première au Québec. Sa brochure annonce deux types de voyages :
des circuits *gay friendly* et d'autres exclusivement gais. Les premiers sont offerts au grand public, mais incluent des hôtels
45 accueillants pour la clientèle gaie. Les seconds ne sont vendus
qu'à des clients homosexuels.

En affaires depuis 26 ans, Tours Mont-Royal a pourtant la
réputation d'une entreprise traditionnelle. « Mais on ne pouvait
plus fermer les yeux devant un tel créneau », explique Luce
50 Prud'homme, directrice du marketing. Les homosexuels voyagent en moyenne cinq fois plus que les hétérosexuels. De plus, ils
s'offrent les meilleurs hôtels.

Bien qu'excitées par ces dollars neufs qui leur pendent au
bout du nez, les entreprises québécoises sont très prudentes et ne
55 font rien de précipité. Mais cette prudence est-elle vraiment jus-
tifiée ? Selon un sondage mené par Angus Reid, 77 % des

Canadiens se sentent à l'aise en compagnie d'homosexuels et ne s'offusquent pas de voir des gais dans une annonce publicitaire. Ce niveau d'acceptation se compare à celui que faisait ressortir un sondage de la chambre des notaires du Québec réalisé à la fin de 1994. Six Québécois sur dix se disaient alors d'accord ou plutôt d'accord que les couples homosexuels aient les mêmes droits que les couples hétérosexuels. Trois sur quatre acceptent qu'un conjoint homosexuel ait droit aux avantages des régimes d'assurance collective de son partenaire. D'ailleurs, dans des entreprises comme la Banque de Montréal, la Banque Royale, la Banque TD et Bell Canada, la chose se fait déjà.

Malgré cette ouverture apparente des trois quarts de la population, le monde des affaires se montre très prudent. « Nous avons tenté d'expliquer aux sociétés aériennes que la première d'entre elles qui annoncera dans un média gai s'attirera la loyauté de cette clientèle pour la vie, affirme Colin Brownlee. Mais, elles continuent de faire la sourde oreille. » « Les vendeurs de fonds mutuels manquent le bateau. Ils s'acharnent sur les familles qui n'ont pas un sou à placer alors que les homosexuels ne demandent qu'à faire fructifier leur argent et acceptent un niveau de risque plus élevé en échange d'un bon rendement. Ce sont des clients idéaux », souligne Derek Stringfellow, président de Another Place Marketing, une firme de consultation en marketing gai à Toronto.

Pour les entreprises qui courtisent les homosexuels, le mot d'ordre est le suivant : ce qu'on ne sait pas ne nous fait pas mal. « La plupart des hétérosexuels ne verront jamais un magazine gai de leur vie. Certains ignorent même l'existence d'une presse rose. Les entreprises ne courent donc aucun risque en s'y affichant : elles rejoignent un nouveau marché sans mettre en péril leurs acquis », affirme Derek Stringfellow.

Pour les entreprises québécoises qui surmontent leurs réserves et partent en quête de l'argent rose, il reste un obstacle à

90 surmonter. Comment retracer cette clientèle pour lui poster de la publicité ou l'inviter à un événement promotionnel ? Aux États-Unis, certaines agences possèdent des listes de noms de gais américains qu'elles vendent aux entreprises ciblant ce marché. Pour l'instant, il n'existe pas d'équivalent canadien.

95 Il reste encore bien du chemin à parcourir avant qu'une entreprise québécoise produise un message télévisé grand public avec un couple homosexuel. Mais, les dollars roses narguent de plus en plus de gens d'affaires en manque de clients. Le pouvoir de l'argent et les réalités économiques viendront à bout des préjugés
100 bien avant que la morale n'ait tranché la question.

Adapté de Diane Bérard, *Commerce*

Anticipation

1. Connaissez-vous le sens de l'expression *l'argent rose*?

2. Cet article traite de la pertinence pour les entreprises de faire de la publicité auprès des homosexuels. À votre avis, pourquoi les entreprises s'intéressent-elles de plus en plus à cette clientèle?

Compréhension

1. Qu'ont en commun IKEA, AT&T et Mazda?

2. Quel est l'objectif du paragraphe commençant à la ligne 24?

3. Expliquez, à l'aide du contexte, le sens de l'expression en italique dans la phrase suivante : « On *a* suffisamment *pressé le citron* de la famille traditionnelle... » *(ligne 30)*

4. En quoi les deux circuits offerts par Tours Mont-Royal diffèrent-ils?

5. Expliquez brièvement, en vos propres mots :

   a) ce que pensent les Canadiens de la présence d'homosexuels dans la publicité.

   b) ce que pensent les Québécois des droits des homosexuels.

6. Quels sont les deux exemples d'entreprises qui hésitent à faire de la publicité auprès d'une clientèle gaie?

7. Quelle difficulté rencontrent les entreprises québécoises qui veulent s'adresser directement à une clientèle gaie?

Vocabulaire

A. Complétez le texte à l'aide de la liste de mots ci-dessous. Faites les transformations grammaticales nécessaires.

marché, forfait, afficher, milliard, prudent, s'offusquer, sondage

L'argent rose gagne en popularité auprès des agences de marketing. Au Canada, la clientèle homosexuelle représente un —————— (1) de 40 —————— (2) de dollars. Des agences de voyage offrent maintenant des —————— (3) exclusivement gais. Des entreprises publient des messages qui —————— (4) des partenaires du même sexe. Les —————— (5) indiquent qu'une majorité de Canadiens ne —————— (6) pas de voir un couple homosexuel dans une publicité. Mais malgré tout, le monde des affaires se montre très —————— (7).

B. À l'aide du contexte et de votre dictionnaire, expliquez en français le sens des expressions en italique dans les phrases suivantes. Le chiffre renvoie à la ligne où se trouve l'expression dans le texte.

a) ...Saint-Hubert n'est pas seule à *faire la cour* aux homosexuels. (24)

b) Mais elles continuent de *faire la sourde oreille*. (73)

c) Les vendeurs de fonds mutuels *manquent le bateau*. (74)

d) ...elles rejoignent un nouveau marché sans *mettre en péril* leurs acquis. (86)

C. Complétez les phrases suivantes à l'aide d'un mot de la liste ci-dessous. Faites les transformations grammaticales nécessaires.

cadre, rendement, conjoint, créneau, accueillant

a) Un —————— est une personne ayant une fonction de direction dans une entreprise.

b) Les hôtels ne sont pas toujours —————— pour les couples homosexuels.

c) Depuis quelques années, les fonds mutuels enregistrent de bons
_____.

d) Les homosexuels demandent que leur _____ ait droit aux
mêmes avantages que les conjoints hétérosexuels.

e) Les entreprises s'intéressent de plus en plus à la clientèle homosexuelle car elle constitue un _____ important.

D. *Pratique orale du vocabulaire*
Choisissez dans le texte dix mots ou expressions qui sont nouveaux
pour vous et que vous jugez utiles. Préparez dix questions à l'aide de
ces mots ou expressions. Travaillez ensuite deux par deux. À tour de
rôle, posez vos questions à votre partenaire, qui devra répondre en
employant le mot ou l'expression que vous avez choisi.

Discussion

1. Avez-vous été étonné(e) d'apprendre que 77 % des Canadiens se
   sentent à l'aise en compagnie d'homosexuels ?

2. À votre avis, pourquoi cet article semble-t-il porter davantage sur les
   hommes que sur les femmes formant des couples homosexuels ?

3. Aux États-Unis, il est possible d'obtenir de certaines agences des
   listes de noms de gais. Croyez-vous que l'existence de telles listes
   peut constituer un danger ?

4. Comment réagiraient les membres de votre entourage à une
   annonce télévisée où l'on verrait un couple homosexuel ?

5. Selon un article paru dans le journal *Le Devoir* sous le titre « L'argent
   rose » (24 janvier 1997), Montréal arrive en troisième position dans
   le choix des destinations de vacances nord-américaines, après
   Miami Beach et San Francisco, chez les membres de la communauté
   gaie. Selon vous, comment peut-on expliquer cette position ?

6. Les couples homosexuels devraient-ils avoir les mêmes droits que
   les couples hétérosexuels ? Devraient-ils pouvoir se marier, par
   exemple ?

Composition

Répondez par écrit à l'une des questions de la section Discussion.

Activités

1. *Débat*
   Organisez un débat sur l'affirmation suivante : «Les couples homo-sexuels devraient avoir le droit d'adopter des enfants.» Un membre du groupe agira comme modérateur ou modératrice et expliquera les règles à suivre lors du débat. Formez deux équipes et préparez des arguments en faveur de votre position.

2. *Sondage*
   Menez auprès de vos ami(e)s un sondage constitué de cinq questions d'opinion que vous rédigerez sur des sujets abordés dans le texte. De retour en classe, formez des groupes de trois. Présentez oralement les résultats de votre sondage aux membres de votre groupe et discutez-en.

ARTICLE 4

L'ODEUR DE L'ARGENT
Une technique pour faire acheter

*Un parfum qui rend les vendeurs sympathiques,
des arômes qui donnent envie d'acheter des chaussures :
les profits ont maintenant leur fragrance !*

Depuis décembre dernier, au restaurant du grand magasin Les Ailes de la mode, à Brossard, on cuisine muffins, pain et croissants sur place. « En les achetant tout faits, nous nous privions d'un outil commercial d'importance : les odeurs ! » explique Paul Delage Roberge, président du Groupe San Francisco, propriétaire des Ailes de la mode. Il prend très au sérieux l'utilisation de ce nouvel « outil » et envisage même de faire diffuser, par le système de ventilation, divers arômes dans ses magasins. Comme de plus en plus de chefs d'entreprise, Paul Roberge s'intéresse de près aux questions soulevées par certains chercheurs : existe-t-il des odeurs qui peuvent attirer les clients, les garder plus longtemps, les inciter à revenir, et même faire grimper les ventes ?

« D'ici quelques années, l'utilisation des odeurs dans les magasins sera aussi courante que celle de la musique ou des tubes fluorescents », dit le neurologue et psychiatre Alan R. Hirsch, que les médias américains ont surnommé « *Doctor Nose* ». Hirsch, qui a fondé en 1984, à Chicago, le Smell and Taste Treatment and Research Foundation, reçoit de plus en plus d'appels de propriétaires d'entreprise. « Au moins une soixantaine par jour, dit-il.

Mais je me limite à quelques projets d'envergure. » Parmi ses clients : une chaîne de restauration rapide, pour laquelle il cherche un moyen de faire augmenter les ventes de boissons gazeuses, et un constructeur automobile, qui l'a chargé de trou-
25 ver une odeur qui, vaporisée sur les vendeurs, les ferait percevoir comme plus honnêtes et dignes de confiance par les clients !

L'odorat est, avec le goût, le sens qui agit le plus directement sur les zones cérébrales responsables des émotions. L'information enregistrée par la vue, l'ouïe et le toucher est décodée par le
30 cerveau au terme d'un processus beaucoup plus complexe. « L'odorat provoque des réponses très émotives, immédiates et spontanées dont on a beaucoup moins étudié les mécanismes », dit Hirsch, qui, à l'origine, a fondé son institut avant tout pour traiter les troubles de l'odorat et faire de la recherche fondamen-
35 tale. Ses expériences lui ont entre autres permis d'identifier les odeurs qui rendent les gens nostalgiques (produits de boulangerie et poudre pour bébés), alertes (jasmin), qui facilitent la concen-tration (mélanges floraux), font paraître une pièce plus petite (fumée de barbecue) ou plus grande (pomme verte et concombre),
40 etc.

Mais c'est en identifiant les odeurs qui provoquent le plus l'excitation sexuelle chez les hommes qu'il a eu droit à une cou-verture médiatique nationale. Un premier test auquel ont été sou-mis des étudiants en médecine avait retenu à ce chapitre l'arôme
45 des... brioches à la cannelle fraîchement cuites ! L'été dernier, des tests qu'il a fait passer à un échantillon plus large lui ont permis de conclure que les combinaisons d'arômes qui excitent le plus les mâles nord-américains sont, dans l'ordre : lavande et tarte à la citrouille ; beignes et réglisse noire ; et enfin, beignes et tarte à la
50 citrouille...

Le Dr Hirsch avance plusieurs explications : « Comme ces odeurs de cuisson ont aussi un effet apaisant, la réponse sexuelle est peut-être tout bonnement liée à la disparition des inhibitions, dit-il. Il est aussi possible que ces effluves provoquent une espèce de réflexe de Pavlov en rappelant aux hommes leur femme ou leur petite amie. On peut aussi chercher des explications en remontant plus loin dans notre évolution. Chez nos ancêtres chasseurs, un animal fraîchement tué était l'occasion de se rassembler, et les odeurs de nourriture restent peut-être associées, instinctivement, à une occasion de rencontrer une partenaire. »

En marge de ses recherches sérieuses, Alan R. Hirsch ne dédaigne pas faire quelques expériences à caractère plus commercial. Il a ainsi démontré que les gens étaient prêts à payer en moyenne 10 dollars de plus pour une paire de chaussures Nike s'ils les essayaient dans une pièce où flottait un arôme floral, même trop faible pour être perçu.

« Je ne recommanderais pas l'utilisation des odeurs de façon subliminale, dit-il cependant. De toute façon, les effets sont encore plus prononcés quand les odeurs sont perceptibles. Cela dit, je ne trouve pas que ce soit malhonnête ou manipulateur. Tout, dans les magasins, vise déjà à favoriser les achats : l'éclairage, la musique, la décoration, la disposition des marchandises... L'organisation d'un commerce est une vaste opération de mise en scène. »

« Il y a des tendances qu'on ne peut plus bouder », dit Danny Bowles, directeur régional des magasins Téléboutique Bell au Québec. « Les produits, comme les prix, sont de plus en plus comparables d'une entreprise à l'autre. Pour se distinguer, il faut compter sur autre chose, comme un service hors pair et une ambiance telle que les clients ont envie de revenir. » Il projette d'intégrer les odeurs au décor de ses magasins Téléboutique Bell. « Mais la même question se pose toujours : lesquelles utiliser ? On se retrouve avec le même problème que pour la Muzak : ce qui plaît à certains clients peut en exaspérer d'autres... »

Adapté de Marie-Claude Ducas, *L'actualité*

Anticipation

1. Êtes-vous sensible aux odeurs? Quelles odeurs préférez-vous? Lesquelles détestez-vous?

2. Croyez-vous que vous pourriez subir l'influence des arômes lors de vos achats?

Compréhension

1. Qu'est-ce qui a changé dernièrement au restaurant du magasin Les Ailes de la mode?

2. Quel lien Alan R. Hirsch établit-il entre la musique et les odeurs?

3. Nommez deux exemples de projets auxquels le Dr Hirsch a accepté de travailler.

4. On cite les cinq sens dans le paragraphe commençant à la ligne 27.

    a) Nommez les cinq sens.

    b) Quelle différence le Dr Hirsch fait-il entre les deux premiers sens et les trois derniers?

5. Comment le Dr Hirsch est-il devenu célèbre?

6. Comment le chercheur explique-t-il l'importance des odeurs de nourriture chez les hommes? Résumez en quelques mots les trois explications possibles.

7. Que pense le Dr Hirsch de l'utilisation des odeurs dans les commerces?

8. Selon Danny Bowles, pourquoi les odeurs deviennent-elles un outil important dans la vente?

Vocabulaire

A. Complétez les phrases suivantes avec des mots ou des expressions qui figurent dans le texte. Le chiffre renvoie à la ligne appropriée. Faites les transformations grammaticales nécessaires.

a) Selon cet article, les commerces ne doivent pas _se priver_ des odeurs dans leur stratégie de vente. (3) 4

b) Certains _propriétaires_ de commerces s'intéressent de près aux odeurs. (6)

c) Coke et Pepsi sont des _boissons gazeuses_ populaires. (23)

d) Pour effectuer ses recherches, le Dʳ Hirsch doit avoir un _échantillon_ valable. (46)

e) La préférence pour certaines odeurs _remonte_ loin dans notre histoire. (57)

B. Trouvez dans la liste ci-dessous le mot qui correspond à la définition. Employez ensuite ce mot dans une courte phrase.

arôme, grimper, vaporiser, odorat, goût, citrouille

a) Sens par lequel on perçoit les saveurs propres aux aliments _goût_

b) Espèce de courge arrondie et volumineuse d'un jaune orangé _citrouille_

c) Disperser et projeter en fines gouttelettes _vaporiser_

d) Augmenter rapidement _grimper_

e) Odeur agréable _arôme_

f) Sens par lequel on perçoit les odeurs _odorat_

C. Remplacez le mot (ou les mots) entre parenthèses par un synonyme qui figure dans le texte. Le chiffre renvoie à la ligne appropriée. Faites les transformations grammaticales nécessaires.

a) Paul Roberge _envisage_ (projette) de se servir des arômes dans ses magasins. (7)

b) Certains arômes rappellent _tout bonnement_ (tout simplement) aux hommes leur femme ou leur petite amie. (53)

c) L'utilisation des odeurs est une stratégie que le monde du commerce ne pourra pas _bouder_ (refuser). *(75)*

d) Cette boutique offre des vêtements de qualité _hors pair_ (sans égal). *(79)*

e) La Muzak qu'on entend dans les magasins m' _exaspère_ (énerve énormément). *(84)*

Discussion

1. Si on effectuait des recherches semblables auprès d'un échantillon de femmes, quels seraient, selon vous, les arômes les plus populaires ?

2. Est-ce que vous aimez porter des parfums ? Si oui, lesquels ?

3. Accordez-vous de l'importance au décor d'un commerce ? Pourquoi ?

4. Comment réagissez-vous à la « Muzak » que l'on entend dans les grands magasins ?

5. Achetez-vous vos vêtements dans les magasins à la mode ?

6. Le comportement des vendeurs et des vendeuses a-t-il un impact sur vous ?

Composition

1. Alan R. Hirsch ne trouve pas malhonnête l'utilisation des odeurs de façon subliminale. Qu'en pensez-vous ?

2. Rédigez un texte sur un souvenir que vous associez à une odeur particulière.

Activités

1. *De quelle odeur s'agit-il ?*
   Apportez en classe des aliments ou tout autre produit dégageant des odeurs particulières (exemples : de l'ail, du parfum, de la bière, des fleurs, etc.). Demandez à une personne de sortir de la classe pendant quelques secondes, le temps de disposer vos produits sur une table. Après lui avoir bandé les yeux, demandez-lui d'entrer et d'identifier les odeurs qu'elle perçoit, sans toutefois toucher aux produits en question.

   (*Suggestion :* le professeur peut désigner un groupe comme responsable de la préparation et du déroulement de cette activité.)

2. *Une enquête*
   Menez une enquête auprès des membres de votre famille et de votre entourage afin de découvrir les odeurs qu'ils préfèrent et celles qu'ils n'aiment pas. De retour en classe, formez des groupes de trois. Présentez les résultats de votre enquête aux membres de votre groupe et commentez-les.

3 Phénomènes sociaux

ARTICLE 5

LES MÉDIAS MENACENT LA DÉMOCRATIE

Un journaliste américain, James Fallows, dénonce ses confrères.
Ils couvrent la politique comme le sport, dit-il :
sans s'intéresser au contenu.

L es journalistes ne font pas leur boulot, affirme James
Fallows, lui-même reporter au prestigieux mensuel américain *The Atlantic Monthly*. Au lieu de donner au public une interprétation utile du monde et des événements politiques, ils se
complaisent dans le cynisme et la facilité.   5

Dans son dernier ouvrage, *Breaking the News : How the Media
Undermine American Democracy* (Comment les médias sapent la
démocratie américaine), il critique sévèrement ses confrères. À
son avis, ils s'intéressent plus à leur prestige personnel qu'au
sérieux de leur profession et gagnent tellement d'argent (des mil-   10
lions par an dans le cas des présentateurs de grands réseaux de
télévision) qu'ils sont complètement décrochés de la réalité de
leurs concitoyens. [...]

Pour eux, la politique n'est qu'un sport et ils la couvrent
comme le football, avec un cynisme de bon ton. Ils passent leur   15
temps à « observer » l'équilibre des forces entre les partis et la
puissance des différents lobbies, à « prédire » le résultat des élections, à « analyser » la semaine, bonne ou mauvaise, du président
sans jamais s'intéresser au contenu des décisions prises ni à leurs

20   conséquences sur la vie des citoyens. « Comme si, à chaque
découverte médicale, les journalistes ne faisaient que mesurer les
chances du découvreur de gagner le prix Nobel ! dit Fallows. Non
seulement c'est inutile et ennuyeux au point de faire fuir lecteurs
et téléspectateurs, mais ça finit par constituer une véritable me-
25   nace pour la démocratie. »

L'ACTUALITÉ : *Vous dites que les médias constituent une menace
pour la démocratie. Ce n'est pas rien...*

J. FALLOWS : Pour beaucoup de personnes, dont moi, le journalisme politique est presque devenu un obstacle à la solution des
30   problèmes sociaux et politiques. Par exemple, il y a deux ou trois
ans, des chercheurs de l'Université de Syracuse ont montré que
60 % des promesses électorales des présidents sont tenues. Or
demandez à n'importe quel passant, il vous dira qu'elles ne sont,
presque toujours, que des mensonges pour attraper les électeurs.
35   Parce que c'est ce que laissent entendre les médias. La couverture
politique est cynique et désabusée, elle présente tous les enjeux
sous forme de conflits, de luttes de pouvoir, de scandales.

Si je me fie aux journaux et aux bulletins de nouvelles, je finis
par croire que le monde est hors de contrôle, que nous serons
40   toujours gouvernés par des filous préoccupés de pouvoir et d'argent, que mon voisin ne songe qu'à m'assassiner. Résultat, les
gens se sentent impuissants. Alors ils décrochent des questions
d'intérêt public.

L'ACTUALITÉ : *Que s'est-il passé ?*

45   J. FALLOWS : Autrefois, certains reporters (de guerre, le plus souvent) devenaient célèbres parce qu'ils avaient longtemps été sur
le terrain, où ils avaient acquis une grande autorité. Aujourd'hui,
cette autorité a fait place à la célébrité. Et pour certains, la
célébrité est plus importante que la crédibilité. Entre autres parce

qu'elle paie mieux. Le problème est que, pour être une vedette, il 50
faut être à la télévision, mais pour être un bon journaliste, il faut
être sur le terrain ! [...]

L'Actualité : *Les journalistes sont-ils seuls responsables de la*
décadence de la presse ?

J. Fallows : Non. La structure économique des grands médias 55
pose de réels problèmes. Les journaux (qui appartiennent de plus
en plus à des chaînes) et même les stations de télé locales (toutes
affiliées aux réseaux nationaux) vivent dans un tel contexte
économique qu'on ne leur demande plus simplement de faire des
profits : on exige d'eux le maximum de profits à chaque trimestre. 60
L'information se trouve en compétition avec le divertissement.
Pour s'en sortir, les services des nouvelles ont recours à l'information-spectacle. Le *Los Angeles Times* a mis O.J. Simpson en
première page tous les jours pendant plus d'un an ! Les bulletins
de nouvelles rognent sur la recherche, nous tartinent des catas- 65
trophes et des scandales. Et les émissions d'affaires publiques
ressemblent de plus en plus à des comédies de situation qui mettent en vedette de soi-disant experts et dans lesquelles la phrase-
choc a plus de valeur que l'argument intelligent.

L'Actualité : *Avez-vous une solution à proposer ?*

J. Fallows : Si je devenais chef du service des nouvelles d'un 70
grand réseau ou d'un quotidien, je m'empresserais de me défaire
du correspondant à la Maison-Blanche ! C'est un poste prestigieux qui coûte cher et qui ne sert qu'à faire de la publicité gra-
tuite au président ou à ses opposants. 75
    D'ailleurs, le président et ses conseillers auraient intérêt à
résister au rythme infernal que les médias leur imposent. Nous en
sommes à un point où la gestion des affaires publiques est
subordonnée aux médias et définie par leur appétit insatiable, en

80   particulier par celui des chaînes d'information continue. Les con-
seillers du président passent le plus clair de leur temps à prévoir
les accusations des animateurs de tribunes téléphoniques et des
éditorialistes ou à y réagir. Et ils se font dicter leurs priorités par
les enquêtes des réseaux de télé. Essayer de définir des politiques
85   à long terme dans ce contexte équivaut à faire de la recherche
médicale dans une salle d'urgence !

Depuis deux ou trois ans, certains journalistes américains
essaient de renverser la vapeur, de devenir une partie de la solution plutôt que du problème. Ils troquent la couverture cynique
90   du sport politique pour un journalisme qui s'attarde aux conséquences réelles des actes politiques et qui, de ce fait, devient
utile aux lecteurs et aux téléspectateurs. Mais ce « nouveau »
courant, qu'on a baptisé « journalisme public », n'est rien d'autre
que du bon journalisme ! Il a cependant l'avantage d'inciter la
95   profession à sortir de l'ornière dans laquelle elle semble s'enliser
et d'encourager les journalistes à développer une nouvelle façon
de voir et de penser.

Louise Gendron, *L'actualité*

Anticipation

1. Qui sont les journalistes les plus célèbres à l'heure actuelle ? Connaissez-vous des journalistes francophones ?

2. Dans cette entrevue, James Fallows affirme que les journalistes couvrent la politique de la même manière qu'ils couvrent le sport. Selon vous, quelles comparaisons pourrait-on établir entre la couverture des sports et la couverture politique dans les médias ?

Compréhension

1. Relevez aux lignes 1 à 25 trois accusations faites par James Fallows contre ses collègues journalistes.

2. Pourquoi James Fallows parle-t-il des recherches faites à l'Université de Syracuse ? (*lignes 28 à 37*)

3. Expliquez en vos propres mots pourquoi, selon James Fallows, les médias constituent une menace pour la démocratie.

4. Comment James Fallows compare-t-il les journalistes vedettes d'autrefois à ceux d'aujourd'hui ?

5. Pourquoi est-il difficile d'être vedette et journaliste à la fois ?

6. Quel mot le pronom *elle* remplace-t-il dans la phrase : « Entre autres parce qu'*elle* paie mieux » ? (*ligne 49*)

7. Comment l'aspect économique des grands médias influe-t-il sur la qualité de la presse ?

8. Relevez dans l'avant-dernier paragraphe deux exemples qui démontrent l'impact des médias sur les politiciens américains.

9. Expliquez le sens de la phrase suivante : « Essayer de définir des politiques à long terme dans ce contexte équivaut à faire de la recherche médicale dans une salle d'urgence. » (*ligne 84*)

10. En quoi le journalisme public est-il différent de celui que dénonce James Fallows ?

Vocabulaire

A. Complétez les phrases suivantes avec des mots ou des expressions qui figurent dans le texte. Le chiffre renvoie à la ligne appropriée. Faites les transformations grammaticales nécessaires.

a) James Fallows n'approuve pas la façon de travailler de ses _confrères_ . *(8)*

b) Certains journalistes _couvrent_ la politique de façon cynique et désabusée. *(14)*

c) Le journalisme politique peut représenter une _menace_ pour la société. *(24)*

d) Bien des gens croient que les promesses des politiciens sont des _mensonges_. *(34)*

e) Il ne faut pas toujours _fie_ aux journalistes pour connaître la vérité. *(38)*

f) Un bon journaliste doit être _célèbre_. *(46)*

g) La télévision présente souvent l'information comme un _divertissement_. *(61)*

h) L'_argument_ intelligent est plutôt rare dans les émissions d'affaires publiques. *(69)*

i) Radio-Canada est un grand _réseau_ de télévision et de radio. *(72)*

j) Le journal *Le Devoir* est un _quotidien_ publié au Québec. *(72)*

k) Les lecteurs et les _téléspecteurs_ ont droit à une couverture politique intelligente. *(92)*

B. Remplacez le terme entre parenthèses par un synonyme qui figure dans le texte. Le chiffre renvoie à la ligne appropriée.

a) Certains journalistes ne _songent_ (pensent) qu'à gagner de l'argent. *(41)*

b) Les gens _décrochent_ (se désintéressent) de plus en plus de la politique. *(42)*

c) Quand un scandale éclate, beaucoup de gens _s'empressent_ (se dépêchent) d'acheter le journal pour connaître les détails de la nouvelle. *(72)*

d) Auparavant, les journalistes passaient _le plus clair_ (la plus grande partie) de leur temps sur le terrain. *(81)*

e) Autrefois, les journalistes travaillaient sur le terrain et, _____ (par conséquent), étaient plus crédibles. *(91)*

C. *Pratique orale du vocabulaire*
Travaillez deux par deux. À tour de rôle, posez les questions à votre partenaire, qui devra répondre à l'aide des mots ou expressions soulignés.

Étudiant(e) A

1. Crois-tu que les promesses des politiciens soient souvent des <u>mensonges</u>?

2. Qu'est-ce qui différencie un <u>mensuel</u> d'un <u>quotidien</u>?

3. Quel est ton <u>réseau de télévision</u> préféré?

4. À ton avis, qui sont les <u>lecteurs</u> du *Globe and Mail*?

Étudiant(e) B

1. Les politiciens <u>tiennent</u>-ils toujours leurs promesses?

2. Te sens-tu <u>impuissant(e)</u> devant les questions d'intérêt public?

3. Aimerais-tu être une <u>vedette</u> de l'information?

4. Regardes-tu les <u>émissions d'affaires publiques</u>?

Discussion

1. Préférez-vous lire les journaux, écouter la radio ou regarder la télé pour connaître l'actualité ? Pourquoi ?

2. Les étudiant(e)s de votre collège ou université s'intéressent-ils à l'actualité ?

3. Selon vous, l'opinion de James Fallows serait-elle aussi sévère en ce qui concerne les journalistes canadiens ?

4. Quels réseaux de télévision ou quels journaux ont particulièrement recours à l'information-spectacle ?

5. Les médias influencent-ils les gens au moment des élections ?

6. Que pensez-vous des tribunes téléphoniques ?

7. Les journalistes doivent-ils renseigner le public sur la vie privée des politiciens ?

Composition

1. Les médias constituent une menace pour la démocratie. Êtes-vous d'accord ?

2. Les médias misent-ils trop sur le sensationalisme ?

3. Vous êtes journaliste et vous répondez par écrit à James Fallows.

4. L'objectivité est-elle possible pour un journaliste ?

Activités

1. *Un bulletin de nouvelles*
   Enregistrez sur bande vidéo un extrait d'un bulletin de nouvelles présenté à la télévision de langue française. Préparez des questions de compréhension portant sur cet extrait. Distribuez les questions avant le visionnement et assurez-vous que vos camarades de classe les comprennent bien. Les étudiant(e)s répondent oralement en sous-groupes. Discutez des réponses avec tout le groupe.

   (*Suggestion :* le professeur peut désigner un groupe comme responsable de la préparation et du déroulement de cette activité.)

2. *Les journaux*
   Travaillez deux par deux. Faites une comparaison entre deux journaux importants de votre région dont l'un est rédigé en français et l'autre, en anglais. Vous pouvez, par exemple, parler du choix des nouvelles, de l'éditorial, des photographies, des caricatures, de l'importance accordée aux sports, aux arts, à l'économie, etc. En groupes de quatre, comparez vos données.

A R T I C L E   6

Moi chez moi, toi chez toi

*Vivons heureux mais séparément. Faire de la vie à deux
une suite de rendez-vous torrides, est-ce la formule
anti-rides pour préserver le couple de l'usure ?*

L a vie n'est plus un long fleuve tranquille. Plutôt un long
clip, une succession de séquences faites d'emplois pré-
caires, d'amours fragmentaires. Dans un tel contexte, on y
regarde à deux fois avant de « s'accoter »[1]. On tient à l'autre...
5   mais aussi à son territoire. Alors, pourquoi ne pas s'aimer en
faisant logement à part ?

C'est la solution que Bertrand et Céline ont choisie. Ils sont
amoureux l'un de l'autre depuis trois ans, mais même la venue
d'un enfant ne les a pas convertis à la vie à deux. Chaque jeudi
10   soir, Bertrand prend son sac et quitte son appartement du Plateau
Mont-Royal[2] pour rejoindre sa blonde[3] et son fils dans les Bois-
Francs[4]. Si leur travail les oblige à habiter à distance, ils n'en
mènent pas moins une vie de famille heureuse. Bertrand est un
père gaga et un chum[5] comblé. « Pendant trois jours, on est vrai-
15   ment ensemble. Je ne crois pas qu'on puisse en dire autant de la
plupart des pères "orthodoxes"! »

Ce couple fait partie d'un nouveau groupe baptisé les SDC
(sans domicile commun), où l'on trouve des personnes de tous

---

1 S'accoter : au Canada, terme employé en langue parlée signifiant *vivre en concubinage*.
2 Plateau Mont-Royal : quartier de Montréal.
3 Une blonde : au Canada, terme employé en langue parlée signifiant *une petite amie*.
4 Bois-Francs : région du Québec se situant à mi-chemin entre les deux principaux pôles urbains de la province,
    Montréal et Québec.
5 Un chum : au Canada, terme employé en langue parlée signifiant *un ami, un compagnon, un petit ami*.

les âges et de tous les milieux. Ce phénomène encore marginal
émerge dans les sociétés occidentales. Il y a 20 ans, les socio-   20
logues avaient raté le train de l'union libre. Le concubinage est
depuis devenu la réalité d'un couple sur cinq au Québec.
Aujourd'hui, les sociologues sont donc à l'affût de cette union
libre « à la puissance deux ». Selon une étude française, près de
6 % des couples non mariés ont déjà opté pour cette solution.   25
Pour désigner ces Sartre-Beauvoir[6] de l'ère électronique, les
Américains parlent du LAT (*Living Apart Together*), vivre
ensemble... mais à distance : tout un programme.

À entendre parler les intéressés, chacun sa clé, c'est la clé du
bonheur ! Ils vivent pour le meilleur et pas pour le pire. Chaque   30
rencontre est désirée et les cœurs battent, malgré les années. Plus
de comptes à rendre. On est centré sur ses besoins et ses désirs.
Chacun chez soi, on peut retrouver le goût d'offrir des roses à
l'autre, au lieu de retenir son envie de lui fracasser le vase sur le
crâne quand il oublie de rincer le lavabo ou de reboucher le den-   35
tifrice. Aurait-on enfin découvert la formule anti-rides pour le
couple ?

Chez les SDC, il y a aussi la volonté d'échapper au « coconjug-
al », de respirer. Après un an de cohabitation avec son ami, Julie,
37 ans, rédactrice, a décidé de prendre un logement seule. « Vivre   40
avec lui, c'était devenu l'enfer. Le quotidien tuait l'amour. On se
disputait pour des riens. Sur la litière du chat, la poussière ou la
caisse de 24 dans le couloir. On dormait parfois dos à dos. Plus
maintenant ! Ne pas cohabiter, cela garde la fraîcheur de l'amour.
Bien sûr, je m'ennuie de lui parfois. J'ai le goût de lui dire de venir   45
et ce n'est pas toujours possible. » Songe-t-elle à reprendre un
jour la vie à deux ? « Pas pour le moment. Et si cela devait se faire,
il nous faudrait un 12 pièces. Minimum ! »

À l'ère de l'hyper-individualisme, n'y aurait-il pas là-dedans
un calcul un peu égoïste ? Les femmes « sans amant à demeure »   50

---

6 Jean-Paul Sartre : écrivain et philosophe français (1905-1980). Simone de Beauvoir : écrivaine et philosophe française
  (1908-1986).

rejettent ce qualificatif. Pour elles, il s'agit d'abord de s'aimer soi-même afin de mieux aimer son conjoint. Et puis, c'est la solution aux incompatibilités d'opinion sur le décor, les tâches ménagères ou encore l'éducation des enfants issus d'une rela-

55   tion antérieure.

Ce mode de vie est de plus en plus populaire. Selon Andrée Matteau, sexologue et psychologue, il correspond à une affirmation de soi, à la volonté d'être soi-même, sans compromis. Une question d'autonomie et de liberté. « C'est positif et très

60   sain, dit-elle. Qui a dit qu'il fallait tout partager ? Et en soi, la chambre pour deux, c'est une aberration. Sans fondement psychologique. »

Danièle Julien, psychologue et professeure à l'UQAM, n'est pas si enthousiaste vis-à-vis cet amour à la carte, compartimenté

65   comme un frigo. « Je crois que les couples capables de gérer les conflits inhérents à la vie à deux ont la satisfaction d'avoir relevé le défi. Cela les rapproche davantage », dit-elle. Que l'on soit d'accord ou pas avec ce genre d'union libre, il n'en reste pas moins que les SDC sont, comme tout le monde, à la recherche du bon-

70   heur à deux.

Leur situation demande cependant beaucoup d'organisation. « Où ai-je laissé ma brosse à dents ? Chez qui allons-nous recevoir Stéphanie et Robert ? » Et quand il y a des enfants, les choses se compliquent encore, ce qui explique peut-être qu'à part Bernard

75   et Céline, aucun des couples interrogés n'a eu d'enfant dans ce type d'union. Et ceux qui en veulent admettent que la venue d'un bébé les inciterait à mettre fin à l'expérience.

Mais le véritable hic, ce sont les finances. Les SDC ont tout en double. Deux logements, cela coûte plus cher. « Si nous vivions

80   ensemble, nous pourrions sans doute partir en voyage plus souvent, dit une SDC. Mais je préfère ce mode de vie. Je suis prête à travailler plus fort pour me l'offrir. L'accomplissement du couple, pour moi, ce n'est pas de payer l'hypothèque à deux. »

Si les femmes des SDC n'avaient plus les moyens de vivre sous deux toits séparés, elles prendraient un colocataire ou exige-   85
raient au moins de conserver une chambre personnelle. Mais l'aspect financier est secondaire ; pour elles, cette semi-indépen-dance est la rançon du bonheur. À les entendre, il ne reste qu'une source de tension. Prendre LA décision ce soir, chez toi ou chez moi ?   90

Adapté de Patrick Grandjean, *Elle Québec*

Anticipation

1. Connaissez-vous des gens qui forment un couple depuis longtemps mais qui préfèrent quand même vivre séparément ?

2. À votre avis, pourquoi certains couples préfèrent-ils ce mode de vie ?

Compréhension

1. Relevez dans le premier paragraphe deux phénomènes caractéristiques de l'époque actuelle.

2. Établissez une comparaison entre Bertrand et les pères plus traditionnels.

3. Les SDC sont-ils tous jeunes ?

4. Quelle phrase du texte indique que les sociologues n'avaient pas prévu l'évolution de l'union libre ?

5. L'expression « à la puissance deux » fait partie de la terminologie des mathématiques (par exemple : $10^2=100$). Que signifie cette expression dans le texte ? *(ligne 24)*

6. Donnez un titre au paragraphe commençant à la ligne 29.

7. Pourquoi Julie a-t-elle décidé de vivre seule ?

8. Quel inconvénient Julie voit-elle à vivre séparée de son conjoint ?

9. En quoi les opinions d'Andrée Matteau et de Danièle Julien diffèrent-elles ?

10. Relevez quatre exemples de difficultés rencontrées par les SDC. *(lignes 71 à 90)*

Vocabulaire

A. Complétez les phrases suivantes avec des mots qui figurent dans le texte. Le chiffre renvoie à la ligne appropriée. Faites les transformations grammaticales nécessaires.

a) Bertrand a un petit _____ à Montréal. *(6)*

b) La _____ d'un second enfant les a obligés à déménager. *(8)*

c) La _____ n'est pas toujours facile. *(9)*

d) Cet homme est tellement heureux d'avoir un fils qu'il en devient _____. *(14)*

e) De nombreux étudiants vivent en _____. *(21)*

f) On ne peut pas toujours _____ aux difficultés de la vie de couple. *(38)*

g) Les couples se querellent parfois pour des _____. *(42)*

h) La _____ sur les meubles énerve bien des gens. *(42)*

i) Combien y a-t-il de _____ dans votre appartement? *(48)*

j) Roméo et Juliette sont des _____ célèbres. *(50)*

k) Le _____ parfait n'existe pas. *(69)*

B. À l'aide du contexte et de votre dictionnaire, expliquez en français le sens des expressions en italique dans les phrases ci-dessous. Le chiffre renvoie à la ligne où se trouve l'expression dans le texte.

a) On *tient à l'autre...* mais aussi à son territoire. *(4)*

b) J'*ai le goût* de lui dire de venir... *(45)*

c) ...les couples... ont la satisfaction d'*avoir relevé le défi*. *(66)*

d) Mais *le véritable hic*, ce sont les finances. *(78)*

C. Complétez les débuts de phrase, à gauche, en les reliant à des mots de
la colonne de droite.

Ils habitent   une vie de famille heureuse.

Ils mènent   à distance.

Ils ont les moyens   sur ses besoins.

On est centré   de vivre sous deux toits séparés.

D. *Pratique orale du vocabulaire*
Préparez individuellement cinq questions à l'aide des mots ou expressions ci-dessous. Travaillez ensuite deux par deux. À tour de rôle, posez
les questions à votre partenaire, qui devra répondre en se servant de
ces mêmes mots ou expressions.

Étudiant(e) A
un amant / une maîtresse
la vie à deux
amoureux / amoureuse
pour des riens
le bonheur

Étudiant(e) B
l'union libre
un conjoint / une conjointe
avoir le goût
un logement
égoïste

Discussion

1. Croyez-vous que le phénomène du SDC prendra une grande importance dans les années à venir ?

2. Aimeriez-vous vivre une relation du genre SDC ? Pourquoi ?

3. Le mariage est-il essentiel à la stabilité d'un couple ?

4. À votre avis, divorce-t-on trop facilement de nos jours ?

5. Les femmes sont-elles plus dépendantes que les hommes dans une relation amoureuse ?

6. Croyez-vous au coup de foudre ?

Composition

Choisissez dans le texte au moins huit expressions ou mots qui sont nouveaux pour vous et incorporez-les dans votre composition. Soulignez-les afin que votre professeur puisse les repérer facilement.

1. Votre ami(e) veut vivre avec vous une relation du type qu'on décrit dans le texte. Écrivez-lui pour lui expliquer ce que vous pensez de sa proposition.

2. Votre ami(e) habite dans une autre ville et vous écrit une lettre pour vous proposer de vivre à deux. Vous lui répondez par écrit.

3. Peut-on trop aimer ?

4. Décrivez ce qu'est pour vous la relation amoureuse idéale.

Activités

1. *Expressions idiomatiques*
   Voici une liste d'expressions idiomatiques contenant le mot <u>cœur</u>.
   Dans un premier temps, demandez à des francophones de bien vous
   expliquer le sens de ces expressions. Puis, avec un(e) camarade de
   classe, improvisez un dialogue dans lequel vous inclurez le plus grand
   nombre possible de ces expressions.

   > avoir le cœur sur la main
   >
   > s'en donner à cœur joie
   >
   > être sans cœur
   >
   > avoir le cœur gros
   >
   > en avoir gros sur le cœur
   >
   > parler à cœur ouvert
   >
   > ne pas porter quelqu'un dans son cœur
   >
   > prendre quelque chose à coeur

2. *Débat*
   Organisez un débat sur l'affirmation suivante : « Les SDC sont égoïstes. »
   Formez deux équipes et préparez des arguments en faveur de votre
   position. Un membre du groupe agira comme modérateur ou modératrice et expliquera les règles à suivre lors du débat.

A R T I C L E 7

LA VIOLENCE CHEZ LES ADOLESCENTS
Quand l'amour commence mal

*Au moins 20 % des jeunes qui ont des relations amoureuses
ont vécu de la violence : insultes, chantage, harcèlement, coups,
viol... À l'adolescence, passion rime plus souvent qu'on pense
avec possession et... agression.*

À la clinique de médecine de l'adolescence de l'hôpital
Sainte-Justine, à Montréal, des garçons de 15 ans insis-
tent pour être présents lors de l'examen gynécologique
de leur petite amie qu'ils fréquentent depuis à peine quelques
semaines. « Je veux surveiller ce qui se passe », affirment-ils   5
d'un ton qui n'admet pas la réplique. Parfois, ce sont des filles
qui poussent leur amoureux boutonneux dans le cabinet du
médecin. « Envoye épais, fais-toi examiner... »

Le docteur Marc Girard, interne depuis 14 ans à l'hôpital
Sainte-Justine, demeure toujours perplexe devant de tels man-   10
ques de respect. Une fois seul avec le jeune, il mène sa petite
enquête. À une jeune fille qui avoue ne pas éprouver de plaisir
durant une relation sexuelle, il suggère de dire à son copain
qu'elle n'a pas envie de faire l'amour. « Il le fait quand même »,
répondent certaines. Des ados se présentent avec des bleus dans   15
le cou si prononcés que la peau en est presque arrachée ! « On
jouait », prétextent-ils... Le docteur Girard associe bien plus ces
jeux féroces à la peur de perdre l'autre qu'à des marques d'affec-

tion. Mais essayez donc de convaincre un jeune amoureux que la
20   jalousie de son ou de sa partenaire est suspecte !

Francine Lavoie, docteur en psychologie à l'Université Laval,
est à l'origine d'un programme de prévention appelé VIRAJ
(Violence dans les relations amoureuses des jeunes) qui est offert
aux commissions scolaires du Québec. Des moins de 16 ans, elle
25   en a interviewé des centaines depuis 1989, par le biais de ques-
tionnaires, mais aussi de vive voix, dans des groupes de discussion.

« Je suis peut-être fleur bleue, mais il ne s'écoule pas six mois
sans que je ne découvre un élément qui me bouleverse », admet-
30   elle. Au secondaire, 5 % des filles qui ont eu un petit copain ont
été violées. Autre révélation troublante : « les viols de gang » pendant lesquels de jeunes gars éméchés jettent leur dévolu sur une
fille qu'ils connaissent. La chercheuse ne dispose d'aucune statis-
tique sur le phénomène, mais soutient que ce type d'incident est
35   beaucoup plus fréquent qu'on ne serait porté à le croire. Autre fait
dérangeant : les jeunes qui réclament de leur partenaire de faire
l'amour sans condom, « pour me prouver que tu m'aimes », sont
de plus en plus nombreux...

Les victimes sont tout autant des premiers de classe chou-
40   choutés par leurs parents que des effrontés avec des problèmes
gros comme ça. « J'ai vu des filles de médecin ou de policier se
faire violenter, affirme William Bumbray, policier. Pauvres ou
riches, délinquants ou pas, c'est le même phénomène ! » Les
chercheurs avancent néanmoins que les victimes d'inceste ou les
45   filles ayant eu leur première relation sexuelle avant 14 ans sont
plus susceptibles que d'autres de subir de la violence psychologique ou physique de la part de leur partenaire.

Les garçons non plus ne sont pas épargnés. Des possessives
qui contrôlent leurs moindres allées et venues, des dures à cuire
50   qui les écrasent contre les casiers, des pressées qui les traitent de
« branleux[1] » parce qu'ils hésitent à coucher avec elles, cela existe.

---

1 Branleux : au Canada, terme employé en langue parlée signifiant *qui hésite, qui n'arrive pas à prendre une décision*.

À l'hôpital Sainte-Justine, on cite même le cas d'une adolescente qui avait enfoncé un couteau dans la cuisse de son ami ! À l'occasion, deux gars qui se disputent les faveurs d'une même demoiselle en viennent aux coups. 55

En fait, la violence des jeunes tourtereaux ressemble à s'y méprendre à celle des couples adultes. Elle est pernicieuse et se manifeste de manière répétée. Et plus souvent qu'autrement, elle est perpétrée par les garçons.

Une bonne proportion des jeunes agresseurs montre des 60 signes de délinquance. Mais ne soupçonnez pas d'emblée tous les malabars au crâne rasé de lever la main sur leur petite amie ! Car cela peut aussi être le sympathique gringalet qui tond votre gazon ou encore le bon parti qui performe au collège. Des gars ordinaires et mignons comme tout ! Francine Lavoie les appelle « les 65 machos ». « Ils dévalorisent les femmes et sont influencés par des modèles familiaux et sociaux très conservateurs. » Il y a aussi de jeunes hommes, une minorité toutefois, souffrant de problèmes psychopathologiques graves.

La violence psychologique précède souvent les raclées. Elle se 70 manifeste dans le désir de dicter à l'autre son habillement, ses fréquentations, ses loisirs, ses plans d'avenir. « Les filles vivent énormément de dépendance », soutient Michèle Lemieux, psychologue à l'école secondaire Anjou (dans la région montréalaise) fréquentée par 1 300 élèves. Des demoiselles tranquilles aux bul- 75 letins impeccables s'amourachent de garçons un peu plus âgés qu'elles et qui, dans certains cas, ont abandonné l'école.

Les premiers mois, la tête dans les nuages, la dulcinée est ravie de constater à quel point son amoureux « tient à elle ». Mais il lui interdit d'aller magasiner ou d'aller au cinéma avec ses 80 amies. Il critique ses jeans et son ample chandail en coton ouaté. Il travaille le vendredi soir ? Elle doit l'attendre devant la télé. Et il l'appelle pour vérifier si elle est à son poste ! Lorsqu'elle en a assez de ce régime et veut s'émanciper, il s'échauffe. « Tu m'aimes

85   pas ! » s'exclame-t-il, convaincu de son bon droit et y allant d'un
coup de ceinture ou d'une claque...

Papa et maman ne se doutent de rien. Au contraire, ils
roucoulent d'aise ! Leur progéniture est normale puisqu'elle s'est
enfin trouvé un « chum[2] » qui, Dieu soit loué ! n'a pas d'anneau
90   dans le nez, dit bonjour et merci et se montre assidu. « Les parents veulent à tout prix croire au scénario de l'amour idyllique,
dit Francine Lavoie. Comment pourraient-ils soupçonner que,
dans leur propre sous-sol, leur fille se fait serrer les poignets en
luttant pour ne pas pleurer ? »

Adapté de Anne-Marie Lecomte, *Châtelaine*

---

2 Un chum : au Canada, terme employé en langue parlée signifiant *un ami, un compagnon, un petit ami.*

Anticipation

1. Les parents d'aujourd'hui sont-ils trop ouverts d'esprit à l'égard des relations amoureuses des adolescents?

2. Les adolescents sont-ils des amoureux plus jaloux ou plus possessifs que les adultes?

Compréhension

1. Selon le docteur Girard, quelle est la véritable cause de la violence dans les relations amoureuses des adolescents?

2. Comment Francine Lavoie a-t-elle obtenu ses informations sur la violence amoureuse chez les adolescents?

3. Relevez trois exemples de violence cités par Francine Lavoie. (*lignes 28 à 38*)

4. Qui sont les jeunes les plus susceptibles de vivre de la violence dans leurs relations amoureuses?

5. Quelle est l'idée principale du paragraphe commençant à la ligne 48?

6. Est-il possible de déterminer, en regardant les jeunes, qui est violent et qui ne l'est pas?

7. Que signifie l'expression « tient à elle » et pourquoi cette expression est-elle entre guillemets? (*ligne 79*)

8. Quelle situation ironique décrit l'auteure dans le dernier paragraphe?

Vocabulaire

A. À l'aide du contexte et de votre dictionnaire, expliquez en français le sens des expressions suivantes. Le chiffre renvoie à la ligne où se trouve l'expression dans le texte.

a) un amoureux boutonneux *(7)*

b) de vive voix *(26)*

c) fleur bleue *(28)*

d) un petit copain *(30)*

e) des dures à cuire *(49)*

f) en viennent aux coups *(55)*

g) de jeunes tourtereaux *(56)*

h) lever la main *(62)*

i) le bon parti *(64)*

j) roucoulent d'aise *(88)*

B. Complétez les phrases suivantes à l'aide de la liste de mots ci-dessous. Faites les transformations grammaticales nécessaires.

éméché	subir	claque	manque
habillement	avouer	s'amouracher	raclée
bouleverser	soutenir		

1. Les jeunes filles qui _____ une forme de violence de leur partenaire _____ rarement à leurs parents qu'elles sont malheureuses.

2. Selon le docteur Girard, certains jeunes font preuve d'un _____ de respect envers leur partenaire.

3. Il arrive parfois que des gars _____ commettent des viols.

4. La violence peut se manifester dans le désir de dicter à l'autre son _____.

5. Les _____ ne sont pas une preuve d'amour !

6. Les filles _____ souvent de garçons plus âgés qu'elles.

7. La violence psychologique précède souvent les _____.

8. Francine Lavoie découvre des choses qui la _____. Elle _____ que les filles vivent beaucoup de dépendance.

C. *Pratique orale du vocabulaire*
Préparez individuellement quatre questions à l'aide des mots ou expressions ci-dessous. Travaillez ensuite deux par deux. À tour de rôle, posez les questions à votre partenaire, qui devra répondre en se servant de ces mêmes mots ou expressions.

Étudiant(e) A
donner une raclée

recevoir une claque

un bon parti

bouleverser

Étudiant(e) B
lever la main

coton ouaté

harcèlement

chouchouté

Discussion

1. Les renseignements fournis par Francine Lavoie vous surprennent-ils ?

2. À votre avis, à quel âge est-on prêt à vivre sa première relation amoureuse ?

3. Que feriez-vous si vous appreniez que votre ami(e) était victime de violence ?

4. Les « machos » sont-ils populaires auprès des adolescentes ? Pourquoi ?

5. Les parents devraient-ils s'intéresser aux relations amoureuses de leur enfant ? Ont-ils le droit, par exemple, de mettre fin à une relation qu'ils jugent malsaine pour leur enfant ?

Composition

1. Commentez la phrase suivante : « À l'adolescence, passion rime plus souvent qu'on le pense avec possession et agression. »

2. L'amour et la jalousie sont-ils indissociables ?

3. Les auteurs de crimes passionnels devraient-ils subir des sanctions aussi sévères que les autres criminels ?

Activités

1. *Chanson d'amour*
   Renseignez-vous afin de connaître le titre et l'interprète de quelques chansons d'amour francophones populaires. Vous pouvez vous adresser à des francophones, à des stations radiophoniques (universitaires ou autres), à des disquaires, à des bibliothécaires, etc. Essayez de vous procurer l'enregistrement et le texte d'une chanson. Faites entendre cette chanson à vos camarades de classe et discutez de vos impressions générales sur la musique, les arrangements, la voix de l'interprète, etc. Distribuez ensuite le texte photocopié (ou servez-vous d'un rétroprojecteur) et commentez les idées et le vocabulaire.

2. *Services offerts aux victimes de violence*
   Renseignez-vous afin de connaître les services offerts dans votre région aux victimes de violence conjugale. Faites un compte rendu oral de vos recherches au reste de la classe et discutez-en.

   (*Suggestion pour les activités 1 et 2 :* le professeur peut désigner un groupe comme responsable de la préparation et du déroulement de l'activité.)

A R T I C L E   8

L'INFORMATION
PAR TÉMOIGNAGE

Depuis quelques années, sans doute sous l'influence de la télévision américaine, nous avons adopté, dans le domaine de l'information, une pratique hautement contestable qui, dans sa forme la plus bénigne, offre au public une information tronquée et qui, dans sa forme la plus odieuse, relève de la désinformation pure et simple.

Je veux parler de l'information qu'on nous offre sous forme de témoignages, souvent émouvants et spectaculaires, grâce à des entrevues complaisantes qui ne cherchent pas tant à révéler la vérité qu'à impressionner des téléspectateurs, des auditeurs ou des lecteurs peu avertis, c'est-à-dire à peu près tout le monde.

Voici qu'on nous présente le « témoignage » d'une femme de quarante ans qui nous raconte son enfance malheureuse en compagnie d'un père incestueux. La scène est dramatique, on entre dans les détails les plus scabreux et, en insistant un peu, on finira bien par faire pleurer la bonne dame. Ça pleure dans les chaumières. Mais est-ce bien là de l'information ? On peut en douter. 1) Le père n'est pas là pour se défendre. 2) On n'a pas trouvé de témoins ou alors il n'y en avait pas. 3) La crédibilité de la femme est tenue pour acquise sans que personne ne la mette en doute d'aucune façon. 4) On présume, sans avoir vérifié, qu'on est en présence d'une victime et d'un bourreau. 5) On présume que la

femme ne (ment) pas. 6) Évidemment, on ne rappelle jamais le
contexte des événements. 7) Le journaliste se contente de

25   témoignages sans jamais poser la moindre question qui pourrait
ébranler le témoin dans ses certitudes. 8) La mémoire ou l'affabulation n'est jamais remise en question.

Ou bien la femme dit la vérité, ou bien elle ment. Mais on ne
le saura jamais, puisqu'on ne le vérifiera jamais. Cela importe peu

30   à ceux qui pratiquent ce genre d'information : on ne recherche
pas la vérité, on cherche l'émotion. La plupart des gens auront tôt
fait de la confondre avec la vérité. [...]

Les « témoignages » les plus amusants qu'on puisse entendre
sont ceux des astrologues. Ils sont tous conçus sur le même

35   modèle, les journalistes et les animateurs le savent, mais ils s'en
font complices chaque fois qu'ils en ont l'occasion.

– Racontez-moi comment vous êtes devenue astrologue.

– Je n'y croyais pas puis, un jour, un astrologue m'a dit que...
et cela s'est réalisé comme il l'avait dit.

40   – Vous avez étudié l'astrologie ?

– Oui, bien sûr. Il y a deux sortes d'astrologues, les charlatans
qui écrivent l'astrologie dans les journaux et les autres,
sérieux, dont je suis.

– Avez-vous fait des prédictions qui se soient avérées ?

45   – Oui, bien sûr. En 1968, par exemple... Puis en 1977...

– Est-ce que des gens sérieux vous consultent ?

– Évidemment. Je conseille des ministres, des savants, des
grandes vedettes...

– Donnez-moi des noms.

50   – Vous comprendrez que je ne peux pas faire cela. Tout
comme les médecins, nous sommes tenus au secret professionnel. [...]

L'entrevue est complaisante, le témoignage, complètement
farfelu. Et si on fait remarquer au « journaliste » qu'il présente

55   n'importe quoi dans son émission, il répondra, sûr de lui, que

toutes les opinions ont le droit d'être entendues et que c'est son devoir...

Il arrive que l'information par témoignage connaisse des ratés. En effet, les « témoins » sont soumis, tacitement, à une règle de fer : si on les invite pour témoigner, ils doivent le faire dans tel sens et non dans l'autre, sans quoi l'effet sera complètement raté.

À vrai dire, les idéologues du témoignage ne veulent entendre que ce qu'ils ont décidé d'entendre et non pas autre chose. [...]

J'ai été témoin deux fois de ce genre de farce. Une fois avec Janette Bertrand et une fois avec Claire Lamarche. [...]

Claire Lamarche [...] avait invité des prostituées à « témoigner » de leur dur métier.

L'affaire mit peu de temps à tourner au vinaigre. Les filles trouvaient leur métier aussi honorable qu'un autre. Oui, elles faisaient beaucoup d'argent et s'en réjouissaient. Oui, il leur arrivait de rencontrer des clients dégueulasses, mais la plupart étaient fort sympathiques. Non, leurs souteneurs ne les battaient pas puisqu'elles n'avaient pas de souteneurs.

Pauvre Claire Lamarche. Quoi ! on fait une émission sur la prostitution, avec des vraies prostituées, pour dénoncer les méchants hommes qui ont recours à leurs services et les odieux personnages qui les exploitent, et ces folles viennent nous dire qu'il n'en est rien ?

Elle était rouge de colère, Claire Lamarche. Je plaignais déjà la pauvre recherchiste qui s'était trompée d'invitées.

C'est la leçon à retenir. Si vous êtes invité à « témoigner », ce n'est pas pour rien : c'est que quelqu'un, quelque part, a besoin de votre témoignage pour faire passer ses idées.

L'information par témoignage n'est pas innocente. Il y a beaucoup de militants et de militantes qui se cachent chez les journalistes, les animateurs et les commentateurs et qui se servent des autres, sans en avoir l'air, pour nous faire avaler leurs salades.

Ils sont de tout acabit : écologistes, fédéralistes, féministes,
90   indépendantistes, pacifistes, anarchistes, sectaires de toutes sortes
qui n'ont qu'un but : faire avancer la cause de leurs intérêts personnels. [...]

Il y a aussi bon nombre d'innocents et d'incompétents qui
croient dur comme fer que ce qu'ils font, c'est de l'information
95   pure et qu'elle est d'autant plus solide qu'elle s'appuie sur des
témoins de première main.

Ce qui est grave, c'est que cette pratique, de plus en plus
répandue, finit par nous faire douter de tous les témoignages,
même les plus crédibles, même les plus poignants.

100   Ce n'est pas le témoin qui est en cause, c'est celui qui reçoit
le témoignage qui se rend coupable de complaisance, d'absence
de sens critique, de la présentation d'un seul côté de la médaille,
et du choix, souvent pervers, des témoins qui le confortent dans
ses préjugés.

105   Information partielle, tronquée, mise en scène réduite à
l'émotion brute, méprisante aussi bien pour les témoins (qui ne
sont choisis qu'en fonction de leur capacité de jouer le jeu) que
des spectateurs (qui, piégés par leurs émotions, n'arrivent plus à
faire la part des choses).

110   Tenez-vous bien. Ça ne fait que commencer. [...]

Pierre Bourgault, *La colère/Écrits polémiques, tome 3*

Anticipation

Dans ce texte, Pierre Bourgault critique l'information présentée dans les émissions du genre télé-vérité (reality show).

Voici une liste de mots et d'expressions tirés du texte. En groupes de trois, essayez d'imaginer, à l'aide de ces mots et expressions, quelques idées qui apparaîtront dans le texte. Cherchez dans votre dictionnaire le sens des mots que vous ne connaissez pas.

> une pratique contestable
>
> des témoignages émouvants et spectaculaires
>
> une enfance malheureuse
>
> la mémoire
>
> l'affabulation
>
> une information tronquée
>
> un seul côté de la médaille
>
> des astrologues
>
> des prostituées et des souteneurs

Compréhension

1. Relevez, dans le premier paragraphe, deux accusations portées par l'auteur contre l'information par témoignage.

2. Selon Pierre Bourgault, quel est le véritable objectif de ce genre d'information ?

3. Que veut démontrer l'auteur dans le paragraphe commençant à la ligne 12 ?

4. Pourquoi, selon le texte, ces émissions accordent-elles peu d'importance à la vérité ?

5. Relisez les lignes 58 à 81. Expliquez en vos propres mots le sens de la phrase : « Il arrive que l'information par témoignage connaisse des ratés. » Quel exemple tiré du texte illustre cette phrase ?

6. Expliquez, à l'aide du contexte, le sens de l'expression : «...nous faire avaler leurs salades... » *(ligne 88)*

7. Pierre Bourgault divise les idéologues de ce type d'information en deux groupes principaux. Quels sont ces groupes ?

8. L'auteur est-il plus sévère à l'égard des témoins ou des animateurs de ces émissions ? À quelles lignes du texte se trouve la réponse ?

Vocabulaire

A. À l'aide du contexte et de votre dictionnaire, expliquez en français le sens des expressions en italique dans les phrases suivantes. Le chiffre renvoie à la ligne où se trouve l'expression dans le texte.

a) La crédibilité de la femme *est tenue pour acquise...* (20)

b) ...sans que personne ne la *mette en doute* d'aucune façon. (20)

c) La mémoire ou l'affabulation n'*est* jamais *remise en question.* (27)

d) L'affaire mit peu de temps à *tourner au vinaigre.* (69)

e) ...les méchants hommes qui *ont recours à* leurs services... (77)

f) ...qui *croient dur comme fer* que ce qu'ils font, c'est de l'information... (94)

g) ...les spectateurs n'arrivent plus à *faire la part* des choses. (109)

B. Refaites les phrases suivantes en remplaçant les mots en italique par des expressions qui figurent dans l'exercice A. Faites les transformations grammaticales nécessaires.

a) Pour attirer le public, on *fait appel à* des témoignages spectaculaires.

b) Ce journaliste *est convaincu* qu'il fait un travail honnête.

c) L'émission de Claire Lamarche *a mal tourné.*

d) L'auteur estime qu'il faudrait parfois *se demander si les souvenirs des témoins sont exacts*.

C. Remplacez le terme entre parenthèses par un synonyme qui figure dans le texte. Le chiffre renvoie à la ligne appropriée. Faites les transformations grammaticales nécessaires.

a) L'information présentée est souvent _____ (incomplète). (5)

b) Les témoignages _____ (touchants) impressionnent les spectateurs. (8)

c) Selon l'auteur, certains journalistes _____ (sont satisfaits) de témoignages superficiels. (24)

d) Les propos des témoins sont souvent _____ (bizarres). (54)

D. Complétez les phrases suivantes à l'aide d'un mot de la liste ci-dessous. Faites les transformations grammaticales nécessaires.

   contestable, ébranler, poser, rater, préjugé

a) Selon l'auteur, l'information par témoignage est une pratique

   _____ .

b) L'animateur évite de _____ des questions qui peuvent _____ les certitudes du témoin.

c) Pierre Bourgault dénonce les _____ de tout genre.

d) Il arrive que l'effet escompté par l'animateur soit complètement

   _____ .

Discussion

1. Que pensez-vous de la télé-vérité ? Êtes-vous du même avis que l'auteur ?

2. Selon vous, pourquoi la télé-vérité est-elle aussi populaire ? À qui s'adresse-t-elle ?

3. Les animateurs et animatrices de ces émissions sont-ils des journalistes?

4. Pourquoi les gens acceptent-ils d'être témoins dans ces émissions? Selon vous, quels sont leurs motifs? Quels bienfaits y voient-ils? Participeriez-vous à une telle émission si on vous y invitait?

5. À votre avis, y a-t-il des limites à ne pas dépasser dans ce genre d'émissions?

6. Est-il vrai, comme l'affirme Pierre Bourgault, que les spectateurs sont piégés par leurs émotions et n'arrivent plus à faire la part des choses?

7. Que pensez-vous du public qui assiste à ces émissions?

Composition

1. Imaginez que vous êtes animateur ou animatrice d'une émission du genre télé-vérité. Vous écrivez une lettre à un journal dans laquelle vous répondez aux propos de Pierre Bourgault.

2. Commentez la phrase suivante tirée du texte : « L'information par témoignage n'est pas innocente. »

3. La télé-vérité contribue-t-elle à faire tomber les tabous?

4. Commentez le passage suivant tiré de *La télévision de l'intimité* (Seuil), de Dominique Mehl: « Le couple exhibitionnisme/ voyeurisme est dénoncé de toute part comme le commun de la perversion médiatique. Pourtant, pendant ce temps, les candidats à l'exhibition continuent de se bousculer aux portes des studios. Et le public suit, assurant à ces émissions une audience appréciable. »

Activités

1. *Une émission de télévision*
   Enregistrez sur bande vidéo un extrait d'une émission du genre télé-vérité présentée à la télévision francophone. Préparez des questions de compréhension et de discussion sur cet extrait. Présentez-le à vos camarades de classe et discutez-en à partir de vos questions. Vous pouvez, par exemple, parler des points suivants : le style de l'animateur ou de l'animatrice, le sujet de l'émission, les témoins, la réaction du public, les arguments de Pierre Bourgault par rapport au contenu de l'extrait, etc.

   (*Suggestion* : le professeur peut désigner un groupe comme responsable de la préparation et du déroulement de cette activité.)

2. *Débat*
   Organisez un débat sur l'affirmation suivante : « La télé-vérité aide les gens à résoudre leurs problèmes. » Formez deux équipes et préparez des arguments en faveur de votre position. Un membre du groupe agira comme modérateur ou modératrice et expliquera les règles à suivre lors du débat.

A R T I C L E   9

LES ENFANTS SURMENÉS

Entre la prématernelle éducative, le cours de danse et la leçon de piano, les jeunes enfants manquent de temps pour l'essentiel : jouer.

J e me souviens de cette photo publiée dans le magazine *Time* il y a une dizaine d'années : une rangée de petits Américains d'à peine trois ans s'appliquaient à dessiner des idéogrammes japonais. À la même époque, dans la comédie américaine *Baby*
5 *Boom*, Diane Keaton apprenait, ahurie, que sa fillette de 18 mois aurait d'importants retards d'apprentissage si elle n'était pas inscrite au plus tôt à des ateliers de stimulation. On lui montrerait enfin à reconnaître les œuvres de Van Gogh et la calligraphie arabe !
10 C'était les années 1980. La poursuite de la performance, de la réussite à tout prix, les apprentissages scolaires inculqués dès le berceau. C'était les années 1980... et pourtant, au-delà de son aspect le plus caricatural, le phénomène n'a jamais été aussi aigu qu'aujourd'hui.
15 « C'est un phénomène en pleine expansion, confirme Jocelyne Morin, professeure en sciences de l'éducation à l'Université du Québec à Montréal (UQAM) et auteure de plusieurs livres sur les étapes de l'apprentissage. On veut que l'enfant devienne ultraperformant, dans toutes sortes de domaines. »
20 Fiston et fillette doivent savoir nager, patiner, dessiner, jouer du

violon, reconnaître l'art baroque, s'initier à l'anglais, de préférence avant cinq ans! Des activités, sans relâche, en toutes saisons. Car les camps d'été spécialisés, axés sur l'apprentissage de l'informatique, des échecs ou des langues étrangères, connaissent une popularité sans précédent.   25

La folie commence très tôt dans la vie. Les garderies s'affublent du mot « éducatif » dès la pouponnière, et les parents en redemandent. Une amie me racontait qu'à la dernière réunion de parents de sa garderie éducative – où les jeux sont appelés des « travaux »! – certains ont demandé des photocopies des chan-   30
sonnettes enseignées aux bébés afin de les leur faire répéter à la maison le soir! Sans parler de la télé pour enfants, qui veut éduquer avant d'amuser. Bref, on ne les lâche jamais!

Après les enfants clé au cou, voici donc venus les enfants à agenda, qui ont parfois bien hâte d'être grands, « pour n'avoir   35
rien à faire », comme le disait récemment le petit garçon de six ans d'une de mes connaissances. Pour Jocelyne Morin, ancienne enseignante au primaire et mère de trois grands enfants, cette surenchère éducative est en train de tuer toute créativité chez le jeune enfant. Pis, elle le détourne de ce qu'il a de plus important   40
à faire : jouer. « Un enfant, c'est fait pour s'amuser, dit Jocelyne Morin. Les parents qui s'arrêtent pour regarder leur enfant jouer voient d'ailleurs à quel point il évolue sans cesse. »

Mais aujourd'hui, déplore-t-elle, on ne regarde plus les enfants jouer. On les « organise ». Dans les cours, tout est plani-   45
fié et orienté vers un seul modèle. Jocelyne Morin prône un retour aux jeux gratuits, au temps libre consacré à créer, à inventer des histoires.

À l'hôpital Sainte-Justine, où elle a été travailleuse sociale pendant 25 ans, Louise Boulanger a vu les manifestations   50
extrêmes du phénomène : des enfants anxieux, agressifs, hyperactifs, qui ont de la difficulté à dormir. Certains sont paralysés par la peur : ils craignent de décevoir. Des enfants de sept ou huit ans

arrivent avec des maux de ventre, des perforations de l'intestin.
55   D'autres sont carrément en burnout ! « Les attentes de certains
parents sont immenses et ne correspondent pas toujours aux
capacités réelles de l'enfant. »

À l'adolescence, l'enfant aux cent mille cours risque plus que
les autres de tout abandonner, de se révolter. Mais surtout, la plu-
60   part de ces adolescents, puis de ces jeunes adultes, n'auront
jamais appris à apprécier leur temps libre, à l'occuper. « Puisque
ses activités sont toujours organisées pour lui, dit Louise
Boulanger, l'enfant n'apprend pas à le faire lui-même. Cela fait de
jeunes adultes qui ne savent pas apprivoiser les heures de soli-
65   tude et de tranquillité, qui n'ont pas appris à être seuls, à avoir du
temps pour penser, lire, marcher. »

Pourquoi tant de parents déjà passablement occupés tien-
nent-ils tant à organiser *ad nauseam* leur samedi et à se lever aux
aurores pour amener fiston à l'aréna ? Louise Boulanger y va de
70   questionnements existentiels. « Certains parents éprouvent le
besoin d'être constamment occupés, constate-t-elle. Est-ce une
angoisse de fin de siècle ? Les gens ont-ils peur à ce point du
temps libre ? »

Cela dit, les parents agissent avec les meilleures intentions du
75   monde. La télévision et les ordinateurs représentent pour eux
deux monstres devant lesquels ils ne veulent pas que leurs
enfants passent trop de temps. Alors quand ils voient les enfants
du voisin qui prennent des cours de violon ou de natation, ils se
disent pourquoi pas...

80   Près de la moitié des enfants grandissent sans frère ni sœur,
parfois sans amis dans le voisinage. Les cours, pensent les
parents, peuvent aider à rompre une certaine solitude. « Mais les
activités organisées ne remplacent pas un groupe d'amis », dit
Louise Boulanger.

85   Et puisqu'il est souvent unique, on veut tout donner à cet
enfant. On veut qu'il ait toutes les possibilités, qu'il touche à tout,

le plus vite possible. Il y a cette obsession d'être équilibré : développer le corps, le cœur et l'esprit. Tout à la fois ! « On oublie que la vie est longue, de plus en plus longue, dit Danielle Laporte. Et que le petit peut très bien commencer à apprendre le piano à neuf ans ! »   90

Car les dernières études sur le sujet le démontrent : les enfants gavés d'informations, surstimulés en sauront peut-être un peu plus que leurs camarades à la maternelle, mais seront exactement au même point qu'eux à sept ou huit ans. « Or, je vois encore des parents paniquer parce que leur enfant ne sait pas lire à cinq ans,   95 malgré toute la stimulation qu'ils lui ont donnée ! » dit Louise Boulanger.

Mais les parents ne sont souvent que le reflet de la société dans laquelle ils vivent, ajoute Louise Boulanger. Une société qui met la barre haute. « Les messages qu'ils reçoivent ne parlent que   100 d'excellence et de performance. Ce qui n'est pas mauvais en soi. Mais il faut savoir doser. » Parce qu'il n'y a rien de répréhensible, bien au contraire, à initier un enfant à la musique ou à un sport. Mais il faut cesser de se sentir obligé de toujours inscrire plusieurs cours à son horaire.   105

Parents et enfants doivent de toute urgence retrouver le goût de flâner, conclut la psychologue. D'être ensemble. Sans rien organiser ni planifier.

Adapté de Martine Turenne, *Châtelaine*

Anticipation

1. À l'aide du titre et de la phrase qui le suit, formulez une définition du mot « surmené ». Cherchez ensuite le sens de ce mot dans votre dictionnaire. Votre définition était-elle valable ?

2. Travaillez deux par deux. Dressez une liste d'activités auxquelles les parents peuvent inscrire leurs enfants.

Compréhension

1. Que signifie le mot « aigu » dans le contexte du deuxième paragraphe ? (*ligne 13*)

2. Expliquez, à l'aide du contexte, le sens de la phrase suivante : « Bref, on ne les lâche jamais. » (*ligne 33*)

3. Quel danger Jocelyne Morin voit-elle dans une trop grande planification des activités de l'enfant ?

4. Pourquoi Louise Boulanger croit-elle que le jeu libre est une activité essentielle pour l'enfant ?

5. Louise Boulanger cite quatre raisons qui motivent consciemment ou inconsciemment les parents à inscrire leur enfant à des cours. Résumez ces quatre raisons. (*lignes 67 à 90*)

6. Les très jeunes enfants qui ont suivi des cours seront-ils toujours en avance sur les autres enfants ?

7. Comment la société actuelle influence-t-elle les parents ?

Vocabulaire

A. Complétez les phrases suivantes en choisissant dans la liste ci-dessous le mot ou l'expression qui convient. Faites les transformations grammaticales nécessaires.

axé   prôner   sans précédent

en pleine expansion   voisinage   flâner

attente

a) La télévision offre des émissions pour enfants _____ sur l'apprentissage des langues.

b) Les psychologues _____ une liberté de jeu pour l'enfant.

c) Les parents ont souvent des _____ trop élevées envers leur enfant.

d) Les garderies éducatives sont _____.

e) Les parents devraient pouvoir prendre le temps de _____ avec leurs enfants.

f) Les camps d'été spécialisés connaissent une popularité _____.

g) S'il n'a pas d'amis dans le _____, un enfant peut se sentir bien seul.

B. Remplacez le terme entre parenthèses par un synonyme qui figure dans le texte. Le chiffre renvoie à la ligne appropriée.

a) La société encourage la _____ (recherche) de la réussite à tout prix. (*10*)

b) Plusieurs enfants ont des activités _____ (sans arrêt). (*22*)

c) Les enfants _____ (ont peur) parfois de décevoir leurs parents. (*53*)

d) Inscrire un enfant à un cours n'est pas _____ (condamnable) en soi. (*101*)

e) Les parents doivent _____ (arrêter) de paniquer. (*104*)

C. À l'aide du contexte et de votre dictionnaire, expliquez en français le sens du verbe <u>manquer</u> dans les phrases suivantes.

a) Les enfants *manquent* de temps pour l'essentiel : jouer.

b) Dépêche-toi ! On va *manquer* l'avion !

c) Cet étudiant *manque* trop souvent son cours de français.

d) Mon frère a quitté le pays et il me *manque* beaucoup !

D. *Pratique orale du vocabulaire : les mots apparentés*
Voici une liste de mots tirés du texte. Ces mots ont la même orthographe ou une orthographe très semblable en anglais et en français.

Travaillez deux par deux. À tour de rôle, servez-vous de ces séries de mots pour former oralement des phrases exprimant des idées du texte. Ajoutez des détails supplémentaires et faites les changements nécessaires. «(s)» indique un mot au pluriel dans le texte.

a) danse / piano / essentiel

b) performance / phénomène / expansion

c) activité(s) / saison(s) / camp(s) spécialisé(s) / popularité

d) parent(s) / photocopie(s) / bébé(s)

e) hyperactif(s) / difficulté

f) télévision / monstre

Discussion

1. Vos parents vous ont-ils fait suivre des cours quand vous étiez très jeune ? Si oui, ces cours vous ont-ils plu ?

2. Les enfants passent-ils trop de temps devant les ordinateurs et la télévision ?

3. Quand vous étiez enfant, regardiez-vous des émissions de télévision à caractère éducatif ? Si oui, lesquelles ? Qu'est-ce qui vous plaisait dans ces émissions ?

4. Les parents sont-ils plus exigeants envers un enfant unique ?

5. Les parents doivent-ils obliger un enfant à suivre un cours (de piano par exemple) même si l'enfant ne veut pas le faire ?

6. Avez-vous déjà participé à un camp d'été spécialisé ? Si oui, comment avez-vous apprécié cette expérience ?

Composition

1. La société actuelle accorde-t-elle trop d'importance aux notions de performance et d'excellence ?

2. Avons-nous peur du temps libre ?

3. Quelles sont les obligations les plus importantes des parents envers leurs enfants ?

Activités

1. *Photos de mon enfance*
Apportez en classe une ou deux photos de vous lorsque vous étiez très jeune (bébé ou enfant). Personne ne doit voir vos photos avant le début de l'activité. Formez des groupes de trois ou quatre. Le professeur ramassera les photos et les distribuera. Les groupes essaient de reconnaître l'étudiant(e) qui se trouve sur chaque photo. Les groupes peuvent s'échanger les photos. Après une dizaine de minutes, le professeur présente les photos à toute la classe et invite les étudiant(e)s à les commenter brièvement.

2. *Émission pour enfants*
Renseignez-vous afin de connaître quelques titres d'émissions pour enfants présentées actuellement à la télévision de langue française. Vous pouvez, par exemple, vous adresser à un enfant ou à un parent francophone, à un professeur d'immersion, à un journaliste, ou encore consulter un horaire de télé. Enregistrez sur bande vidéo un extrait d'une de ces émissions et présentez-le à vos camarades de classe. Discutez de vos impressions ou opinions sur le genre de l'émission, sa structure, l'objectif visé, les thèmes abordés, les personnages, la langue, etc. Cette émission ressemble-t-elle à celles que vous regardiez quand vous étiez enfant ?

3. *Film pour enfants*

Choisissez un extrait d'un film qui s'adresse aux enfants (par exemple *La guerre des tuques, Bach et Bottine, Dans le ventre du dragon, Le chandail*). Préparez des questions de compréhension et de discussion sur cet extrait. Distribuez les questions avant le visionnement et assurez-vous que vos camarades de classe les comprennent bien. Les étudiant(e)s répondent oralement en sous-groupes. Discutez ensuite des réponses avec tout le groupe.

(*Suggestion pour les activités 2 et 3* : le professeur peut désigner un groupe comme responsable de la préparation et du déroulement de l'activité.)

A R T I C L E   1 0

LES SECTES

Dans le film *The Manchurian Candidate*, un thriller psychologique réalisé en 1962, un homme assis dans son appartement fait tranquillement un jeu de patience. Lorsqu'il retourne la dame de carreau, un déclic se produit dans son cerveau programmé : il se lève et, sans une once de culpabilité, il va assassiner la femme de sa vie... Cette scène terrifiante a contribué à ancrer dans l'imaginaire populaire le mythe du lavage de cerveau. Une technique qui, croyait-on à cette époque, permettait d'inculquer au premier venu des idées ou comportements aux antipodes de sa personnalité.

Durant les années 70, l'inquiétude qu'inspirait la popularité grandissante des sectes a incité plusieurs spécialistes à conclure que ces groupes devaient forcément laver le cerveau de leurs membres pour les pousser à abandonner famille et amis, à donner tout leur argent ou encore à poser des actes violents ou suicidaires. Mais, aujourd'hui, la plupart des spécialistes s'entendent pour dire que la réalité est beaucoup plus complexe et que le lavage de cerveau, s'il existe vraiment, n'explique en rien les excès auxquels peuvent se livrer certains groupes fanatiques.

On parle maintenant de contrôle de la pensée, d'influence indue, de manipulation ou encore de resocialisation, explique Mike Kropveld, directeur d'Info-Secte. Des techniques plus subtiles de contrôle de la pensée, mais d'une redoutable efficacité.

Selon lui, les premières études qui ont permis de mieux com-
25   prendre le fonctionnement des sectes et des idéologies totalitaires
nous viennent du psychiatre américain Robert Jay Lifton, qui a,
entre autres choses, étudié le fonctionnement des camps de réé-
ducation chinois.

Lifton identifie une série de critères essentiels au contrôle de
30   la pensée, des critères qui servent encore aujourd'hui de référence
aux groupes d'information et de prévention qui s'intéressent aux
sectes (*voir encadré*). Évidemment, certains de ces critères peuvent se retrouver dans n'importe quel genre d'organisation, mais
Lifton précise que si chacun d'eux est appliqué à la lettre, on peut
35   conclure qu'il y a pratique du contrôle de la pensée.

D'autres chercheurs, comme Edgar Schein ou Steven Hassan,
ont observé des variantes et des subtilités dans les méthodes d'en-
doctrinement des sectes ou d'autres organisations à tendance
totalitaire. Privation de sommeil, alimentation pauvre en pro-
40   téines, membres coupés de tous liens familiaux, obligés de travailler ou de prier sans arrêt : l'inventaire est large. Plus efficaces
que la seule contrainte physique, ces règles enferment le membre
dans sa propre culpabilité. On le pousse à se censurer et à se dis-
cipliner lui-même. Bref, à construire autour de lui une prison
45   invisible.

Massimo Introvigne, directeur du Centre d'étude sur les nouvelles religions en Italie, est en désaccord avec cette approche,
qu'il compare à l'idée que se faisaient nos ancêtres de l'envoûte-
ment. « Si ces forces étaient aussi magiques qu'on le dit, elles
50   devraient retenir les adeptes plus longtemps. Or, on a démontré
que le passage moyen d'un adepte dans l'Église de Moon était de
trois ans en Europe. » Il est vrai que certains d'entre eux sont littéralement kidnappés de la secte par leur famille, mais la majorité
quittent la secte spontanément. Ce qui semblerait démontrer
55   qu'ils ont conservé un peu de leur libre arbitre.

On a compris avec les années que le problème des sectes et des groupes totalitaires ne se posait plus simplement en termes de bourreaux et de victimes. C'est d'ailleurs ce qui, selon Mike Kropveld, rend la question aussi complexe. « Il se passe quelque chose entre le recruteur et le futur adepte qui ressemble à une manipulation à deux. Le recruteur ne choisit pas n'importe qui : il cherche une personne troublée, qui a besoin de réponses, et il s'adresse à elle en lui disant qu'il peut lui donner ce qu'elle cherche. » Dans ces conditions, la personne est évidemment beaucoup plus vulnérable aux arguments du recruteur, un peu à l'image de celui qui se dit prêt à tomber amoureux et qui croit rencontrer la personne de ses rêves. On sait tous que ce genre de situation peut sérieusement altérer le sens critique...

Mais comment expliquer qu'un adepte soit prêt à tout abandonner de son ancienne vie, à donner sa fortune ou même à tuer pour combler les attentes de son gourou ou de sa secte ? Il n'existe évidemment aucun guide pratique pour comprendre les techniques employées par les sectes. Cependant, le *Petit traité de manipulation à l'usage des honnêtes gens* de Robert-Vincent Joules et Jean-Léon Beauvois relate plusieurs expériences de psychosociologie comportementale montrant qu'on peut aisément manipuler les gens à leur insu.

Les expériences de l'Américain Stanley Milgram sont assez révélatrices à ce sujet. Milgram a installé deux étudiants de chaque côté d'une vitre et demandé à l'un d'eux d'envoyer une décharge électrique à l'autre lorsque ce dernier fournissait une mauvaise réponse à un jeu de vocabulaire. Durant l'expérience, les charges administrées à la victime (qui ne faisait que jouer la comédie) ont augmenté jusqu'à un seuil très dangereux. En fait, Milgram a constaté que la présence de son équipe et le sérieux du protocole scientifique suffisaient à dégager l'étudiant de toute responsabilité morale.

« Dans la vie de tous les jours, nous sommes bombardés d'idées et de tendances contradictoires, dit Jean-Léon Beauvois, et

90   c'est à travers ce fouillis qu'on se forge une opinion de soi-même. Mais si vous êtes plongé dans l'isolement d'un système totalitaire, vous n'entendez plus qu'une seule voix et, dans ces conditions, les méthodes de manipulation deviennent très efficaces. »

Un amalgame de ces techniques de désinformation et de

95   manipulation, parfois combinées à l'attraction d'un gourou charismatique, pourrait donc expliquer en partie comment des adeptes en arrivent à vider leur compte de banque au profit de la secte ou simplement à consacrer leur existence au porte-à-porte.

Adapté de Félix Légaré, *Québec Science*

La recette des sectes

Selon Robert Jay Lifton, huit critères permettent de déterminer si une organisation pratique le contrôle de la pensée.

1. **On exerce un contrôle sur l'environnement et la communication.** Non seulement la communication entre les individus, mais entre le membre et lui-même...

2. **On met en scène des mystifications.** Une personne croit vivre une expérience dont les causes sont spirituelles, mais, en fait, elle est le résultat d'une mise en scène de ses supérieurs.

3. **On utilise un langage au vocabulaire [...] difficile d'accès.** Les mots, incompréhensibles pour les non-initiés, servent surtout à enfermer le membre dans un langage simplificateur qui l'empêche de formuler des réflexions complexes et de réfléchir librement.

4. **On fait passer la doctrine avant les individus.** Peu importe la situation particulière d'une personne, la croyance au dogme doit déterminer tous ses gestes.

5. **On vénère une science sacrée.** Comme dans le système nazi ou la Chine du temps de Mao, la doctrine de l'État est indiscutable et parfaite. Si on s'oppose à l'État, c'est qu'on s'oppose à la raison. Donc, on est fou.

6. **On encourage fortement la confession et la dénonciation.** L'entourage exige l'absence totale de barrières entre l'individu et le groupe. Toute action ou pensée contraire à la doctrine doit être confessée. L'espionnage par les pairs est fortement encouragé.

7. **On exige la pureté absolue.** Le milieu suscite la culpabilité de l'individu en le contraignant à atteindre des standards de perfection inaccessibles.

8. **L'organisation possède un droit de vie ou de mort sur ses membres.** La secte détermine qui a le droit d'exister ou non. Par exemple : le groupe convainc ses membres qu'ils font partie de la véritable race humaine et que le reste de la planète est peuplé d'insectes qui méritent l'extermination... Le genre d'attitude qui peut conduire aux génocides auxquels se sont livrés des systèmes totalitaires.

Anticipation

1. Quelles sectes connaissez-vous ?

2. En groupes de trois, dressez une liste

   a) des caractéristiques d'un gourou ;

   b) des caractéristiques d'une secte.

3. À votre avis, qu'est-ce qui peut motiver une personne à se joindre à une secte ?

Compréhension

1. Quelle est la différence entre les théories des spécialistes des années 70 et celles des spécialistes actuels en ce qui concerne la technique du lavage de cerveau ?

2. Quelles notions remplacent de nos jours le concept de « lavage de cerveau » ?

3. Pourquoi le nom de Robert Jay Lifton est-il important dans le contexte de l'étude des sectes ?

4. Sur quel point l'opinion de Massimo Introvigne diffère-t-elle de celles de Schein et de Hassan ?

5. À qui Mike Kropveld compare-t-il le futur adepte ? Expliquez cette comparaison.

6. Pourquoi le verbe est-il au pluriel dans la phrase « ...la majorité *quittent* la secte spontanément » ? (*ligne* 53)

7. Que démontre l'expérience de Stanley Milgram ?

Vocabulaire

A. Repérez dans le texte le mot de la colonne A et associez ce mot à un synonyme ou à une définition de la colonne B. Le chiffre renvoie à la ligne où se trouve le mot dans le texte.

A	B
ancrer (7)	confusion
forcément (13)	facilement
la plupart (16)	personne qui martyrise quelqu'un
redoutable (23)	absence ou suppression
privation (39)	terrible
bourreau (58)	fixer solidement
aisément (76)	la majorité
fouillis (90)	inévitablement

B. À l'aide du contexte et du dictionnaire, expliquez en français le sens des expressions en italique dans les phrases suivantes.

a) Les critères de Lifton peuvent se retrouver dans *n'importe quel* genre d'organisation.

b) Si chaque critère est appliqué *à la lettre*, il y a pratique du contrôle de la pensée.

c) Qu'est-ce qui pousse un individu à tuer pour *combler les attentes* de son gourou?

C. Complétez les phrases suivantes avec des mots ou des expressions qui figurent dans le texte. Le chiffre renvoie à la ligne appropriée. Faites les transformations grammaticales nécessaires.

a) Le _comportement_ des gens semble parfois bien étrange. (9)

b) La popularité des sectes suscite beaucoup d'_inquiétude_ chez certains parents. (11)

c) Les membres sont parfois obligés de ___poser___ des actes violents. (*15*)

d) Les recherches en psychologie comportementale _permettent_ de comprendre les phénomènes de manipulation des gens. (*24*)

e) Des psychiatres étudient le _fonctionnement_ des sectes. (*25*)

f) Les méthodes d'_endoctrinement_ varient souvent d'une secte à l'autre. (*37*)

D. *Pratique orale du vocabulaire.*
Travaillez deux par deux. À tour de rôle, posez les questions à votre partenaire, qui devra répondre à l'aide des mots ou expressions soulignés.

Étudiant(e) A

1. Quel serait un bon <u>argument</u> pour te convaincre d'adhérer à une secte ?

2. Est-ce qu'il t'arrive de manipuler les gens <u>à leur insu</u> ?

3. Connais-tu des <u>adeptes</u> de l'Église de Moon ?

4. As-tu l'impression d'être <u>bombardé(e)</u> d'idées contradictoires dans ta vie de tous les jours ?

Étudiant(e) B

1. Connais-tu une <u>méthode d'endoctrinement</u> utilisée par les sectes ?

2. Existe-t-il des <u>groupes fanatiques</u> dans notre université (ou collège) ?

3. Les professeurs ont-ils parfois des <u>comportements</u> étranges ?

4. As-tu déjà fait du <u>porte-à-porte</u> ?

Discussion

1. À votre avis, les sectes sont-elles toutes dangereuses ?

2. Connaissez-vous des gens qui font partie ou qui ont fait partie d'une secte ? Si oui, décrivez-les.

3. Que feriez-vous si un(e) ami(e) ou un membre de votre famille décidait de se joindre à une secte ?

4. A-t-on déjà frappé à votre porte pour essayer de discuter avec vous d'une croyance religieuse quelconque ? Comment avez-vous réagi ?

5. Que pensez-vous des familles qui kidnappent leur enfant membre d'une secte ?

Composition

1. Comment expliquer la popularité grandissante des sectes ?

2. Sommes-nous trop tolérants à l'égard des sectes ?

3. Discutez un critère parmi les huit que Lifton a établis (*voir encadré*).

4. Les gouvernements devraient-ils s'intéresser de plus près au phénomène des sectes ?

Activités

1. *Recherche d'un article*
   Cherchez dans des journaux et des magazines de langue française un article récent portant sur les sectes et relevez trois renseignements qui vous semblent intéressants. Formez des groupes de trois et faites part oralement à vos camarades de vos découvertes. Remettez à votre professeur un résumé de votre article.

2. *Débat*
   Organisez un débat sur l'affirmation suivante : «Un enseignement religieux est indispensable à l'acquisition de valeurs morales.» Formez deux équipes et préparez des arguments en faveur de votre position. Un membre du groupe agira comme modérateur ou modératrice et expliquera les règles à suivre lors du débat.

4 Une question d'identité

ARTICLE 11

CANADIENS VS AMÉRICAINS
Une société distincte

Les Canadiens sont plus audacieux que les Américains,
plus ouverts sur le monde, moins égocentriques. Et ils détestent
la vantardise..., dit le publicitaire Graham Watt.

L es Canadiens anglais sont-ils différents des Américains ?
Après les intellectuels et les écrivains, chez qui la question
fait couler de l'encre depuis longtemps, certains publicitaires se
sont récemment mis de la partie, rédigeant des articles sur le sujet
dans la revue spécialisée *Marketing*. La réponse d'Elliot Ettenberg,   5
président de l'agence Prisme à Toronto : oui, les Canadiens sont
différents des Américains, mais ils ne doivent guère s'en réjouir. Ils
sont aussi peureux, timorés, férus d'ordre et de tranquillité... que
les Américains sont entreprenants, audacieux et dynamiques !

Pas si vite, proteste Graham Watt, président de l'agence de   10
publicité Watt Burt. Les Canadiens, dit ce Montréalais de 61 ans,
sont aussi audacieux, sinon plus, que les Américains. Ils sont plus
ouverts sur le monde, moins égocentriques, ce qui les porte à
détester fondamentalement la vantardise. *L'actualité* l'a rencontré
dans les bureaux de son agence, qu'il tient à garder à Montréal   15
même si tous ses clients sont désormais en Ontario : le Bureau
laitier, l'Institut canadien du sucre, le ministère fédéral de la
Santé, etc. « J'ai déjà dit à un journaliste que je conduirais un
camion de poisson plutôt que de déménager à Toronto ! dit
Graham Watt. Maintenant que nous n'avons plus de poisson, il   20

faudra que je trouve une autre formule... Mais je suis un Québécois anglophone pure laine. »

L'ACTUALITÉ : *Qu'est-ce qui vous fait dire que les Canadiens sont plus audacieux que les Américains ?*

25   **G. WATT :** La perception du contraire repose sur des mythes. L'un concerne la création des deux pays : les fondateurs des États-Unis seraient venus y trouver l'aventure et plus de liberté, tandis que ceux du Canada seraient venus s'établir là où le gouvernement leur offrait la possibilité de s'enrichir tout en bénéficiant de sa

30   protection. En fait, les aventuriers, c'étaient les Canadiens ! Très tôt, le pays a été sillonné par des coureurs des bois, des entrepreneurs incroyablement audacieux. La première entreprise commerciale en Amérique du Nord a d'ailleurs été la Compagnie de la baie d'Hudson.

35   Les premiers Américains, pendant ce temps, s'établissaient comme fermiers sur la côte est, comptant sur l'armée et la cavalerie pour repousser les Amérindiens à qui ils avaient pris leurs terres. Lorsqu'ils sont partis à la conquête de l'Ouest, ce fut dans le cadre de vastes expéditions, financées par le gouverne-

40   ment, à grands renforts de soldats et d'esclaves. Aujourd'hui encore, les Canadiens voyagent plus, ou à tout le moins font preuve d'ouverture et de compréhension à l'égard des autres cultures, au lieu de s'isoler, ou encore d'imposer aux autres leur vision du monde.

45   L'ACTUALITÉ : *Croyez-vous que les Canadiens ne sachent pas assez se vendre, se vanter ?*

G. WATT : Ce qui arrive, c'est que nous ne le voulons pas. Le fait d'être aussi près des États-Unis nous fait détester certaines de leurs façons de faire. Nous sommes plus discrets, nous n'aimons

50   pas la vantardise, cela fait partie de notre identité. Comme le fait de ne pas afficher notre drapeau à tout propos. Être canadien est

un sentiment tranquille et personnel. On ne se sent pas obligés d'exporter notre fierté nationale. On la vit.

L'Actualité : *N'est-ce pas plutôt parce qu'il n'y a pas de quoi manifester ? Sur quoi repose donc l'identité cana-* 55 *dienne ?*

G. Watt : Sur notre tolérance et notre sens de la communauté. Ici on partage et on se préoccupe du sort des autres. Nous sommes plus conscients de l'importance des questions sociales, plus doués pour les consensus. Cela peut sembler anodin, mais 60 c'est très important. Comment notre système d'assurance-maladie s'est-il créé, si ce n'est grâce au consensus ?

L'Actualité : *Quelle place occupe au juste le Québec dans l'identité canadienne ?*

G. Watt : Il est au cœur de ce qui constitue l'identité canadienne. 65 C'est là que se trouve l'âme du pays. Et le fait que la culture québécoise ait pu survivre et se développer à l'intérieur du Canada est le symbole même de la tolérance et de la diversité de ce dernier.

L'Actualité : *Mais les Québécois ont bien peu de chances de se* 70 *retrouver dans l'identité canadienne telle que vous la décrivez : discrète, modeste, qui répugne à trop manifester...*

G. Watt : Le Québec et le reste du Canada ont beaucoup plus en commun qu'on l'imagine. Le sentiment des Québécois franco- 75 phones dans un continent anglophone ressemble beaucoup à ce que ressentent les Canadiens anglais, sans cesse confrontés à la culture américaine. Et même si les Québécois ont une culture distincte dont ils sont très fiers, ils partagent avec les autres Canadiens une sorte de réticence à se montrer trop nationalistes. 80 Le Québec n'est pas le seul endroit où l'on boude la fête du

Canada ! D'où qu'ils viennent, les gens ne sont pas tellement portés à participer aux célébrations, souvent un peu quétaines, qui sont organisées le 1er juillet à Ottawa et ailleurs au pays. Ils
85 n'ont pas le réflexe d'aller se planter devant un défilé en agitant un petit drapeau. Ils préfèrent aller à la campagne, faire du canot, du camping, profiter de l'été... Notre drame, c'est que la composante la plus fondamentale de notre identité nationale, c'est justement notre réticence à trop la manifester... Mais, malgré tout,
90 le pays existe encore, après 129 ans. Le Canada, au départ, c'est une expérience. Et elle est certainement aussi valable que l'expérience américaine.

Adapté de Marie-Claude Ducas, *L'actualité*

Anticipation

1. Comment les Canadiens se perçoivent-ils ?
2. Comment les Canadiens perçoivent-ils les Américains ?

Compréhension

1. Qui, de Elliot Ettenberg ou de Graham Watt, a une meilleure opinion des Canadiens ?
2. Quels mots Elliot Ettenberg emploie-t-il pour décrire les Canadiens ? Cherchez le sens de ces mots dans un dictionnaire monolingue français.
3. Quels adjectifs Elliot Ettenberg emploie-t-il pour parler des Américains ?
4. Comment Graham Watt compare-t-il les Canadiens aux Américains ?
5. À l'aide du contexte, expliquez en français le sens du mot « vantardise ». (ligne 14)
6. Sur quoi se fonde Graham Watt pour affirmer que les Canadiens sont plus audacieux que les Américains ?
7. Quel exemple Graham Watt donne-t-il pour montrer l'attachement des Canadiens aux valeurs d'ordre social ?
8. Relevez, dans le dernier paragraphe, deux éléments de ressemblance entre les Québécois francophones et les Canadiens anglais.
9. Quel paradoxe concernant l'identité canadienne le dernier paragraphe soulève-t-il ?

Vocabulaire

A. Complétez les phrases à l'aide d'un mot de la liste ci-dessous. Faites les transformations grammaticales nécessaires.

bouder	confronté	porté
peureux	réticence	défilé
s'établir	fier	agiter

1. Elliot Ettenberg croit que les Canadiens sont _____ .

2. Les Canadiens anglais sont constamment _____ à la culture américaine.

3. Les Canadiens ont une sorte de _____ à se montrer trop nationalistes. Ils _____ donc souvent les _____ du 1er juillet.

4. Les Canadiens sont _____ de leur identité.

5. Les premiers Américains _____ sur la côte.

6. Les Canadiens ne sont pas _____ à participer aux célébrations où il faut _____ des drapeaux.

B. À l'aide du contexte et de votre dictionnaire, expliquez en français le sens des expressions en italique dans les phrases ci-dessous. Le chiffre renvoie à la ligne où se trouve l'expression dans le texte.

a) ...la question *fait couler de l'encre...* (3)

b) ...le pays a été sillonné par *des coureurs des bois...* (31)

c) ...les Canadiens *font preuve* d'ouverture... (41)

d) ...afficher notre drapeau *à tout propos...* (51)

C. *Pratique orale du vocabulaire*
Travaillez deux par deux. À tour de rôle, posez les questions à votre partenaire, qui devra répondre à l'aide des mots ou expressions soulignés.

Étudiant(e) A

1. Crois-tu que les Canadiens sont moins <u>entreprenants</u> que les Américains ?

2. Aimerais-tu <u>déménager</u> dans une autre ville ?

3. Est-ce que tu <u>te vantes</u> souvent ?

4. Es-tu <u>égocentrique</u> ?

Étudiant(e) B

1. Te considères-tu comme une personne <u>audacieuse</u> ou <u>peureuse</u> ?

2. Sais-tu quand tes ancêtres <u>se sont établis</u> en Amérique du Nord ?

3. À ton avis, est-ce que les Canadiens <u>font preuve</u> d'ouverture à l'égard des autres cultures ?

4. As-tu déjà assisté à un <u>défilé</u> du 1er juillet ?

Discussion

1. Avec qui êtes-vous d'accord : Elliot Ettenberg ou Graham Watt ?

2. Watt affirme que le sentiment des Québécois francophones dans un continent anglophone est comparable à celui que les Canadiens anglais ressentent face à la culture américaine. Qu'en pensez-vous ?

3. À votre avis, les célébrations du 1er juillet sont-elles un peu « quétaines » ? Est-il vrai que les Canadiens ne sont pas tellement portés à célébrer le 1er juillet ?

4. Aimeriez-vous (ou aimez-vous) vivre aux États-Unis ? Pourquoi ?

5. Au Canada, une loi du CRTC (Conseil de la radiodiffusion et des télécommunications canadiennes) exige que 30 % des pièces musicales diffusées à la radio aient un contenu canadien. Que pensez-vous de cette loi ?

Composition

Choisissez dans le texte au moins huit expressions ou mots qui sont nouveaux pour vous et incorporez-les dans votre composition. Soulignez-les afin que votre professeur puisse les repérer facilement.

1. Sommes-nous différents des Américains ?

2. Écrivez une lettre à une revue touristique dans laquelle vous vantez la qualité de vie au Canada.

3. Décrivez l'image du Canada et des Canadiens dans le monde.

Activités

1. *Une agence de publicité*
   Formez des groupes de trois ou quatre.

   À l'extérieur de la classe

   Vous travaillez pour l'agence de Graham Watt. Préparez un message publicitaire pour la télévision sur un produit de votre choix fabriqué au Canada. Votre message doit s'adresser à un public canadien.

   • Choisissez le produit.

   • Déterminez le contexte dans lequel il apparaîtra : lieu, personnages, trame sonore, etc.

   • Préparez le scénario : slogan, déroulement de l'histoire, texte.

   • Enregistrez votre message sur bande vidéo ou préparez-le sous forme de sketch.

   En classe

   • Présentez votre message au groupe qui le commentera.

2. *Publicités télévisées*

Enregistrez sur bande vidéo deux messages publicitaires diffusés à la télévision de langue française et présentez-les à la classe en commentant les aspects suivants : le public visé, l'aspect visuel, l'argument, le message, le lieu, le texte, les personnages, la musique, etc.

Changeriez-vous quelque chose dans ces messages pour qu'ils rejoignent davantage le public canadien ?

(*Suggestion :* le professeur peut désigner un groupe comme responsable de la préparation et du déroulement de cette activité.)

AVONS-NOUS MAL
À NOTRE FRANÇAIS ?

*Le français est, au Québec, un sujet constant de préoccupation.
Il occupe les esprits et les médias, qu'il s'agisse de dénoncer
les mesures de protection insuffisantes qui le mettent à la merci
de l'insidieuse progression de l'anglais ou bien de stigmatiser
un état de langue que l'on juge plus proche du charabia
que d'une langue articulée.*

L e français du Québec diffère, il est vrai, du français de
France. Il faut reconnaître qu'un Français – ou tout autre
francophone d'Europe ou d'Afrique – qui entend ses premières
phrases en terre québécoise est surpris non seulement par l'into-
5   nation, mais aussi par les mots utilisés. Il lèvera un sourcil étonné si on lui parle de la belle *température* ou de la récente *bordée*
de neige, si on propose aux enfants des glissades en *traîne* ou
une bataille de *mottes* de neige. On va conseiller à Madame de
magasiner avant d'acheter, elle se fera demander si elle *habille* du
10 *7 ans* ou du *9 ans*, on lui proposera un jeans pas *dispendieux* et
après l'achat on lui dira merci et *bonjour.* La plupart du temps, la
situation dans laquelle ont lieu ces échanges est suffisamment
éclairante pour permettre le décodage des mots inattendus.

   Des expériences semblables attendent le Français ou le
15 Québécois qui arrive pour la première fois en Belgique ou en
Suisse romande. Là-bas, nous sommes en *mille neuf cent nonante-*

sept, et non quatre-vingt-dix-sept ; on dit *septante* et non soixante-dix. À l'université, l'*auditoire* n'est pas le public étudiant qui assiste à un cours, mais bien la salle de cours elle-même, ce que l'on connaît ici (et en France) sous le nom d'*amphithéâtre*. On sera   20
bien surpris lorsqu'en Belgique quelqu'un nous conseillera d'apporter nos vidanges à l'épicerie, puisque l'on ignore que le mot *vidanges* désigne, là-bas, les bouteilles vides.

Dans chaque région francophone, il y a ainsi des mots ou des tournures qui appartiennent à l'usage courant de la région et dont   25
ceux qui les utilisent ignorent souvent qu'ils sont inconnus de l'usage français général ; ils s'en aperçoivent seulement lorsqu'ils remarquent une expression de surprise sur le visage de quelqu'un qui vient d'ailleurs ou lorsqu'ils essaient vainement de trouver le mot – ou le sens – en question dans un dictionnaire. La France   30
elle-même est loin d'être uniforme sur ce plan et les particularités régionales, y compris celles de la région parisienne, y sont nombreuses.

Des mots illustres

Ces particularités ne peuvent pas être considérées comme un   35
« défaut » de la langue puisqu'elles représentent, en somme, la « couleur » dont se teinte la langue française dans une région donnée. Et même si cette couleur prend parfois les tons surannés de l'archaïsme, il n'y a pas de quoi en avoir honte. Nous savons que certaines prononciations et certaines locutions considérées   40
aujourd'hui comme populaires au Québec parce qu'elles ont disparu du français de France avaient déjà appartenu à l'usage de l'élite aux XVIe, XVIIe ou XVIIIe siècles en France ; c'est le cas notamment pour la forme verbale *je vas*, la tournure *à ce moment ici*, les locutions *jusqu'à tant que*, *à cause que*. On peut y ajouter la   45
prononciation *frette* et les différentes formes du verbe *asseoir*. En effet, Vaugelas nous apprend dans ses *Remarques sur la langue française* (1647) qu'« une infinité de gens » disent *assisez-vous*.

C'est bien la preuve que cette forme verbale n'est pas un horrible
50 barbarisme inventé au Québec mais un usage qui fut bien ancré
aux XVIe et XVIIe siècles en France.

Finis les complexes !

Ce qui fait peur dans le français d'ici, ce sont, évidemment,
les anglicismes. Sans vouloir minimiser leur rôle et sans nier que
55 la vigilance sera toujours de rigueur, car la menace est constante,
il faut dire qu'il y en a beaucoup moins qu'au milieu du siècle. Le
monde des affaires s'est considérablement francisé. D'autre part,
d'un point de vue pragmatique, aucune langue aujourd'hui
n'échappe à l'influence de l'anglais ; on peut le déplorer, mais c'est
60 un fait. Alors, nos anglicismes sont-ils plus condamnables que les
best of, le *look*, les *sweatshirts*, les *sneakers*, les *reality shows*, les
airbags et autres *sponsoriser* des Français ? Naturellement, il vaut
mieux – puisque le terme existe – dire une boîte de conserve
plutôt qu'une *canne* et une *serveuse* plutôt qu'une *waitress*, mais
65 comment traduire les mots *slush*, *fun* ou *aréna* ?

Langue parlée ici et ailleurs

Finalement, y a-t-il lieu de s'inquiéter au sujet du français au
Québec ? La sonnette d'alarme a été récemment tirée par Georges
Dor et a suscité quelques violents échos. Si on examine les
70 phrases qui sont données comme exemples de « langue déglin-
guée[1] » dans les premiers chapitres de *Anna braillé ène shot*
(Lanctôt éditeur, 1996)[2], on constate que ce qui les caractérise, ce
sont surtout des traits de prononciation propres à une langue parlée familière ou populaire. En effet, dans une situation informelle,
75 on ne se sent pas obligé d'articuler comme lorsqu'on répond à un
client ou qu'on donne un cours. On aura donc tendance à dire *i*
au lieu de *il(s)*, à supprimer le *ne* d'une phrase négative, à
« avaler » le *r* en disant *(r)ien* ou *su(r) la table*, à supprimer des

---

1 Déglingué(e) : disloqué(e), désarticulé(e).
2 *Anna braillé ène shot* : Elle en a braillé une shot (équivalent en français standard : *Elle a beaucoup pleuré*). Ouvrage de
Georges Dor dans lequel l'auteur critique la langue parlée au Québec.

voyelles en disant, par exemple, *t'es*, *c't ami*, *c'te porte*, *l'pain*,
òusque, *pis*, *ch'te dis*, *c'tà côté*; et cela non seulement au Québec, 80
mais partout où l'on parle français. D'autres traits de prononciation sont par ailleurs propres au français québécois, certains d'entre eux n'étant pas autre chose que le maintien d'anciennes
prononciations françaises, comme le *oi* prononcé *oué* ou *ouè*
(*moué*, *savouère*), le *er* prononcé *ar* (*farmer*) ou le *t* final appuyé 85
(*boutte*). Certains mots et expressions appartiennent au registre
très familier ou vulgaire, comme les sacres. Les conversations que
Georges Dor a croquées dans un centre commercial se situent, en
fait, au même niveau que toute conversation croquée dans une
situation où les interlocuteurs ne sont pas obligés de surveiller 90
leur articulation ni leur vocabulaire.

C'est incompréhensible pour toute personne qui n'est pas née
ici, dit-il. Peut-être, mais à cela il faut ajouter qu'un Québécois
qui se mettrait à l'écoute d'une conversation informelle dans un
bistro parisien, un estaminet liégeois ou une pinte vaudoise[3] con- 95
naîtrait les mêmes difficultés dues à l'accent, à la façon d'avaler
certaines syllabes et d'escamoter la fin des mots, à l'emploi de
mots locaux et d'expressions imagées. Le parisien populaire,
notamment, n'est pas d'un entendement facile.

Souvent langue varie ... 100

Lorsqu'on parle sa langue maternelle, on adapte spontanément son articulation, sa syntaxe et son vocabulaire à la situation
dans laquelle on se trouve et à la personne avec laquelle on parle.
Lors d'une entrevue pour l'obtention d'un poste, on ne s'ex-
primera pas de la même manière qu'avec ses amis ; en présence 105
de personnes que l'on connaît peu, on ne parlera jamais aussi
familièrement qu'autour de la table familiale. Ce changement de
registre se fait plus ou moins inconsciemment la plupart du
temps.

---

3 Estaminet liégeois : petit café de village à Lièges (Belgique).
  Pinte vaudoise : bistro dans le canton de Vaud (Suisse francophone).

110   Dans une situation formelle, on attend un niveau de langue neutre ; au Québec, ce niveau comprend nécessairement des mots et des prononciations autres que ceux appartenant au niveau neutre en français de France, mais qui ne « choquent » pas.

    Chacun est-il capable d'adapter sa façon de parler à la situa-
115 tion dans laquelle il se trouve et à l'interlocuteur qui lui fait face ? C'est là que réside le nœud du problème. Dans une famille où le niveau de scolarisation n'est pas très élevé et dans certains milieux défavorisés, il est plus difficile de développer cette com-pétence. On peut se retrouver alors dans la situation de cet anglo-
120 phone qui avait appris le français avec des marins bretons, en tra-vaillant sur un bateau de pêche, et qui parlait ce même français à la baronne qui le reçut en son château...

Là où le bât blesse

    Dans son milieu familial, un enfant n'a pas toujours l'occasion
125 d'entendre et d'exercer différents niveaux de langue. Où pourra-t-il alors acquérir cette connaissance, si ce n'est à l'école ? Il faut que l'école enseigne au « monde ordinaire » non seulement à lire et à écrire mais aussi à s'exprimer *oralement* en construisant des phrases structurées et en utilisant des mots précis. Or, sous pré-
130 texte de ne pas nuire à la spontanéité des enfants, on a eu trop tendance à utiliser la formule « dis-le dans tes mots » et à en rester là. Comment alors réussir à transmettre ce que l'on pense, ce que l'on ressent si l'on n'arrive pas à aligner un sujet et un verbe, si l'on n'apprend pas les mots pour le dire et si l'on ne sait pas les
135 mettre en ordre ?

    Apprendre à manier les mots et à les aimer devient un plaisir ; on découvre que ce que l'on dit retient l'attention et on y gagne en assurance. Que cela nous plaise ou non, celui qui s'exprime dans des phrases complètes en utilisant un vocabulaire varié aura
140 toujours plus de chances d'être écouté ; d'une part parce qu'il réussit à donner un sens immédiatement accessible à ses propos ;

d'autre part parce que nul n'est insensible à une certaine élégance de la parole, même s'il s'en défend. Il faut rendre accessible au plus grand nombre possible le maniement de cet instrument de communication, de cette arme puissante qu'est le langage.   145

Adapté de Ludmila Bovet, *Québec français*

Anticipation

Travaillez en groupes de trois.

1. Essayez d'imaginer, à partir du titre et des sous-titres, les idées que développe l'auteure.

2. En quoi l'anglais parlé dans votre région diffère-t-il de celui que l'on entend dans d'autres régions de votre pays ?

3. Choisissez parmi les cinq mots suivants celui qui correspond à la définition donnée.

> archaïsme   anglicisme   néologisme
> régionalisme   barbarisme

a) _____ : mot, expression, construction ou acception que l'on emprunte, légitimement ou non, à la langue anglaise.

*exemple : **éditorial** et **football** sont des termes acceptés en français standard. Par contre, l'usage du mot **flat** (crevaison) n'est pas recommandé.*

b) _____ : expression, mot, sens, tour ancien qu'on emploie alors qu'il n'est plus en usage.

*exemple : en France, le mot **grafigner** n'est plus employé. Ce mot est d'usage courant au Québec.*

c) _____ : faute de langage, emploi de mots forgés ou déformés, utilisation d'un mot dans un sens qu'il n'a pas.

*exemple : vous **faisez** au lieu de vous **faites**.*

d) _____ : mot de création récente ou emprunté depuis peu à une autre langue ; emploi d'un mot dans un sens nouveau.

*exemple : un **huard** pour désigner une pièce de un dollar.*

e) _____ : mot, locution propre à une région.

*exemple : au Québec, on emploie parfois les termes **canard** ou **bombe** pour désigner une bouilloire.*

Compréhension

1. Lisez le paragraphe en italique qui suit le titre. En vos propres mots, indiquez quelles sont les deux préoccupations majeures des Québécois face à leur langue.

2. Quelle est l'idée principale du premier paragraphe ?

3. Qu'est-ce qui permet aux francophones d'Europe de comprendre le sens d'un mot comme *magasiner* ?

4. Quelle est l'idée principale du deuxième paragraphe ?

5. Comment les gens se rendent-ils compte qu'ils utilisent des régionalismes ?

6. Les régionalismes se retrouvent-ils uniquement au Québec ?

7. **Des mots illustres** (*ligne 34*)
   Quelle est l'idée principale de ce paragraphe ?

8. **Finis les complexes** (*ligne 52*)
   Comment l'auteure justifie-t-elle ce sous-titre ?

9. **Langue parlée ici et ailleurs** (*ligne 66*)
   Dans son livre, Georges Dor critique la prononciation des Québécois en citant des exemples de phrases entendues dans un centre commercial. Pourquoi Ludmila Bovet n'est-elle pas d'accord avec cette approche ?

10. **Souvent langue varie** (*ligne 100*)
    Où se situe le véritable problème, selon l'auteure ? Que suggère-t-elle pour y remédier ?

Vocabulaire

A. Complétez les phrases à l'aide des mots et expressions ci-dessous. Faites les transformations grammaticales nécessaires.

> interlocuteur   nuire
> scolarisation   échapper
> condamnable   déplorer

a) La compétence langagière des enfants dépend souvent du niveau de _____ des parents.

b) Georges Dor _____ l'influence de l'anglais sur le français, mais il doit reconnaître qu'aucune langue n' _____ à cette influence.

c) Les anglicismes des Québécois sont-ils plus _____ que ceux des Français ?

d) Lors d'une conversation, il faut savoir s'adapter à son _____.

e) Selon l'auteure, certains professeurs ont peur de _____ à la spontanéité des enfants.

B. Expressions contenant le mot **part**

Donnez l'équivalent anglais des expressions en italique dans les phrases suivantes. L'expression citée dans la question a) se trouve dans le texte à la ligne indiquée.

a) Cette étudiante réussira *d'une part* parce qu'elle est motivée, *d'autre part* parce qu'elle travaille fort. (*140*)

b) Où est le professeur ? On ne l'a vu *nulle part* aujourd'hui.

c) *À part* ma tante, je ne connais personne dans cette ville.

d) J'ai l'impression d'avoir déjà vu cette femme *quelque part*.

e) Tu peux faire ce que tu veux ; *pour ma part*, je reste.

f) Hier, le professeur a pris un étudiant *à part* pour lui parler.

g) Les politiciens *prennent part* à des débats télévisés où ils sont attaqués *de toutes parts*.

h) Mon amie m'apporte souvent du chocolat suisse, c'est gentil *de sa part*.

C. Complétez les phrases ci-dessous à l'aide d'une des expressions de l'exercice B. contenant le mot part.

a) Je ne trouve plus mes clefs. J'ai dû les laisser _____ à l'université.

b) Tu veux vraiment m'aider à corriger mon devoir ? C'est gentil _____.

c) _____ toi, personne ne sait que je suis de retour au pays.

d) Pour qu'un cours de langue soit intéressant, les étudiants doivent _____ aux discussions.

e) Beaucoup de gens admirent cet auteur. _____, je trouve ses romans très ennuyeux.

D. À l'aide du contexte et de votre dictionnaire, expliquez en français le sens des expressions en italique dans les phrases suivantes. Le chiffre renvoie à la ligne où se trouve l'expression dans le texte.

a) ...les particularités régionales, *y compris* celles de la région parisienne... *(32)*

b) ...il *n'y a pas de quoi* en avoir honte. *(39)*

c) ...nul n'est insensible à une certaine élégance de la parole, même s'il *s'en défend*. *(143)*

E. *Pratique orale du vocabulaire*
Travaillez deux par deux. À tour de rôle, posez les questions à votre partenaire, qui devra répondre à l'aide du mot ou de l'expression entre parenthèses tout en donnant le plus d'information possible. Commentez l'emploi du mot ou de l'expression dans la réponse.

(Faites les transformations grammaticales au besoin.)

Étudiant(e) A

1. Est-ce que tes ami(e)s sont anglophones ? (francophone)

2. D'où viennent les étudiant(e)s de ce cours ? (ailleurs)

3. Quelle(s) langue(s) parles-tu couramment ? (langue maternelle)

4. En quoi le monde des affaires a-t-il changé au Québec ? (se franciser)

Étudiant(e) B

1. Que penses-tu de la façon dont s'expriment nos politiciens ? (avoir honte)

2. Quelle est la tendance des francophones en ce qui concerne le *ne* dans les phrases négatives en langue parlée ? (supprimer)

3. Que dirais-tu à un(e) ami(e) qui veut devenir bilingue ? (je/conseiller)

4. Pourquoi dénonce-t-on en France et au Québec la présence d'anglicismes dans la langue ? (menace)

Discussion

1. Connaissez-vous des mots anglais dont l'usage est exclusif au Canada ?

2. Donnez des exemples de mots qui sont apparus dans votre langue maternelle ces dernières années. Ces néologismes vous semblent-ils étranges ? Hésitez-vous à les employer ? Si oui, pourquoi ?

3. Parmi les informations présentées dans le texte, y en a-t-il qui vous surprennent ? Si oui, lesquelles ? Saviez-vous, par exemple, que la langue parlée dans un bistro parisien peut être difficile à comprendre pour des francophones ne vivant pas à Paris ?

4. Vous est-il déjà arrivé d'avoir des difficultés à comprendre une personne qui parle la même langue que vous ? Si oui, qu'est-ce qui nuisait à votre compréhension (vocabulaire, prononciation, expressions, débit, intonation, syntaxe...) ?

5. À votre avis, parlez-vous bien votre langue maternelle ? Nommez des personnes qui, selon vous, la maîtrisent bien.

6. Parlez-vous de la même façon dans toutes les situations ? Donnez des exemples de mots, d'expressions ou de phrases que vous employez uniquement dans des situations informelles.

7. L'école vous a-t-elle permis d'exercer et de maîtriser différents niveaux de langue parlée ?

8. Les Canadiens anglais, les Anglais et les Américains écrivent-ils toujours les mots de la même façon ? Si vous répondez non, donnez des exemples.

Composition

Choisissez dans le texte au moins huit expressions ou mots qui sont nouveaux pour vous et incorporez-les dans votre composition. Soulignez-les afin que votre professeur puisse les repérer facilement.

1. L'étude d'une langue seconde devrait-elle être obligatoire à l'université ?

2. Commentez l'affirmation suivante : « Nul n'est insensible à une certaine élégance de la parole. »

3. Peut-on préserver sa culture sans préserver sa langue d'origine ?

Activités

I. *Expressions en usage dans le français parlé au Québec*
Demandez à des francophones de bien vous expliquer le sens des expressions ci-dessous. Deux par deux, improvisez en classe un dialogue dans lequel vous inclurez quelques-unes de ces expressions.

> ne pas y aller avec le dos de la cuillère
> avoir son voyage
> avoir de l'allure/ne pas avoir d'allure
> c'est pas le diable !
> être tanné
> être au coton
> c'est de valeur
> c'est pas la tête à Papineau !
> être pompette
> arrive en ville !
> être paqueté aux as
> se faire enfirouâper
> être aux oiseaux
> passer un mauvais quart d'heure
> prendre une débarque
> en criant lapin

2. *Les emprunts*

La langue française s'est enrichie au cours des siècles de milliers de mots de souches diverses. En groupes de trois ou quatre, essayez d'imaginer l'origine des mots suivants et classez-les dans le tableau.

académie	balcon	cégep
accordéon	bandit	gratte-ciel
achigan	bikini	jeep
agence	bizarre	mocassin
alcool	bleuet	nylon
allergique	brocoli	ouaouaron
ambassadeur/ambassadrice	brunch	punk
assassiner	café	tatou
azur	campus	valse
badminton	caribou	vampire
dépanneur	sofa	niaiseux

italien	allemand	amérindien	arabe	anglais	américain	canadien

PARTIE

5 Le corps et l'esprit

DES HISTOIRES
À DORMIR DEBOUT

Nous rêvons une centaine de minutes par nuit. À 75 ans, nous aurons rêvé pendant cinq années. Cinq années à se faire poursuivre, à courir sur place, à monter des escaliers qui se dérobent sous nos pieds, à passer des nuits torrides dans les bras de son idole ou à survoler des paysages d'une beauté indes- criptible. Comment ces images se produisent-elles dans le cerveau ?

La théorie physiologique dominante à l'heure actuelle est que le rêve surgit d'une première étincelle électrique émise par le tronc cérébral, une région du cerveau située à la base du crâne.

Un cerveau bien occupé

Le sommeil est divisé en cinq phases. La première, l'en- dormissement, dure de cinq à 15 minutes. Vient ensuite la phase de sommeil léger, puis les phases trois et quatre, où le sommeil est de plus en plus profond. C'est dans la cinquième phase, dite de sommeil paradoxal, que se produit la très grande majorité des rêves et des cauchemars (certains rêves surviennent dans les phases de sommeil profond). Cette phase est caractérisée par un mouvement rapide des yeux (MOR). On l'appelle sommeil para- doxal parce qu'à ce moment-là, notre corps est privé de toute activité musculaire tandis que le cerveau est souvent plus actif qu'à l'état de veille.

« En plus de ses fonctions habituelles, le cerveau doit générer le rêve, créer le scénario, l'organiser et l'interpréter à mesure », explique Antonio Zadra, chercheur au laboratoire des rêves de l'hôpital du Sacré-Cœur de Montréal. « Les situations d'un rêve peuvent changer à une vitesse folle. Zap ! Zap ! Zap ! Le cerveau est mitraillé d'informations. Il doit être plus vigilant qu'à l'habitude pour suivre cette cascade d'actions. C'est comme si le cerveau se demandait constamment : qu'est-ce que c'est ? face à ses propres images », ajoute Toré Nielsen, lui aussi chercheur à l'hôpital du Sacré-Cœur. Rêver demande donc plus d'effort que de lire cet article ou de forger un mensonge !

On rêve quatre à cinq fois par nuit et les épisodes de rêves deviennent de plus en plus longs à mesure que la nuit avance. Croire que les rêves ne durent que quelques secondes est un mythe. Les premiers rêves durent environ cinq minutes, ceux du petit matin, parfois plus de quarante-cinq minutes.

Selon Toré Nielsen, « la majorité des gens se rappellent sans effort d'un à trois rêves par semaine. Plus de 80 % des gens peuvent raconter leurs rêves s'ils se sont réveillés pendant, ou tout juste après la période de sommeil paradoxal. Sinon, les rêves sont oubliés dans les quinze minutes qui suivent le réveil. »

Comment le cerveau élabore-t-il la trame de l'histoire onirique ? « Outre nos souvenirs, l'influence de l'environnement et de notre état de santé, l'organisation du scénario est suggérée par nos attentes. Par exemple, un jour j'ai rêvé que je me promenais tranquillement sur une banquise. Tout allait bien jusqu'à ce que je me demande ce que je ferais si je rencontrais un ours. Aussitôt un ours est apparu au loin. Il s'est mis à me poursuivre, comme je m'y attendais. C'est la projection de nos pensées immédiates, nos craintes ou nos désirs, qui forge le déroulement de l'histoire », affirme Antonio Zadra.

Thèmes universels et spécifiques

Les rêves comportent certains thèmes universels, peu importe 55
l'âge, la culture ou l'ethnie : être poursuivi, en retard ou mal préparé à un examen, voler, tomber, se retrouver nu en public.
Courir sans avancer et n'avoir accès qu'à une toilette exposée au
regard d'autrui sont aussi parmi les plus courants. D'autres
thèmes sont spécifiques aux enfants, aux ados et aux adultes. On 60
les retrouve particulièrement dans les rêves récurrents et les
cauchemars.

« Les enfants, par exemple, sont généralement poursuivis par
des monstres, des sorcières ou des animaux, rarement par des
personnages humains comme c'est presque toujours le cas chez 65
les adultes. Dans plus de 85 % des rêves d'enfants où une personne meurt, il s'agit d'un de leurs parents qui, dans la réalité, est
bien vivant. Les adultes, eux, rêvent surtout d'une personne qui
est réellement décédée », précise Antonio Zadra.

Les problèmes reliés à l'entretien de la maison constituent 70
11 % des préoccupations oniriques des adultes. Par exemple, la
maison est dans un désordre total et la visite se pointe ! « Un autre
rêve est caractéristique des adultes. Ils possèdent deux maisons et
se demandent laquelle ils doivent conserver, ou comment s'y
prendre pour entretenir les deux efficacement », rapporte le 75
chercheur.

Être seul et coincé dans une grotte ou un ascenseur, vivre une
catastrophe comme un raz-de-marée ou une éruption volcanique,
ou encore perdre des dents : voilà d'autres situations qui hantent
la nuit des adultes de façon répétitive. « Ironiquement, on ne 80
retrouve pas ce dernier sujet dans les rêves récurrents des enfants
alors qu'ils perdent effectivement leurs dents », souligne Antonio
Zadra. Quant aux belles aventures amoureuses, les données
indiquent qu'entre cinq et 10 % des rêves ont un contenu sexuel
(faire l'amour), sensuel (baisers, caresses) ou simplement roman- 85
tique (regards langoureux, promenade au clair de lune).

La santé influence les rêves

Un chercheur du Michigan State University a analysé, en 1987, les thèmes de mort, de cimetières et de séparation chez des patients atteints à des degrés variables de maladies cardiaques. Ces patients n'étaient pas informés de la gravité de leur condition. Les hommes affligés les plus sévèrement rêvaient de destruction, de mutilation, de mort et de cimetières. Les femmes les plus malades rêvaient qu'elles étaient séparées de leur famille. Ces thèmes respectifs devenaient de plus en plus fréquents à mesure que leur état de santé déclinait. « Il y a une explication plausible à ce phénomène. Les mécanismes reliés à la production des rêves font partie de notre organisme. Le cerveau serait informé, par des réseaux de neurones encore inconnus, du moindre trouble organique. Il incorporerait la sensation encore imperceptible dans le rêve », suppose Antonio Zadra.

Décalage horaire

Qui ne s'est pas fait interdire de regarder un film d'horreur avant de se coucher ? Chacun a déjà remarqué dans ses rêves la présence d'images liées aux événements du jour. Mais les recherches de Toré Nielsen ont démontré que ces images resurgissent dans nos rêves six à huit jours plus tard. Ce phénomène est appelé le décalage onirique en référence au décalage horaire que subissent les voyageurs.

Adapté de Monique Guilbault, *La Presse*

Anticipation

Dans ce texte, l'auteure présente divers aspects des rêves. Examinez les sous-titres, puis en groupes de trois, essayez d'imaginer les renseignements qu'on pourrait trouver sous chacun :

Un cerveau bien occupé

Thèmes universels et spécifiques

La santé influence les rêves

Décalage horaire

Compréhension

1. Quels exemples de rêves l'auteure donne-t-elle dans le premier paragraphe ?

2. Quelles sont les cinq phases du sommeil ? Qu'y a-t-il de « paradoxal » dans la dernière phase du sommeil ?

3. Quelle est la croyance populaire à l'égard de la durée des rêves ?

4. Peut-on se souvenir de ses rêves à n'importe quel moment ?

5. Nommez quatre facteurs qui influent sur le scénario d'un rêve.

6. Relevez dans le texte trois comparaisons entre les rêves des adultes et ceux des enfants. (*lignes 63 à 82*)

7. Comment les chercheurs expliquent-ils l'influence de la santé sur les rêves ?

8. Expliquez en vos propres mots le sens de l'expression « décalage onirique ».

Vocabulaire

A. Complétez les phrases suivantes avec des mots ou des expressions qui figurent dans le texte. Le chiffre renvoie à la ligne appropriée. Faites les transformations grammaticales nécessaires.

a) La nuit, les images _____ dans notre cerveau comme par magie. (9)

b) Les rêves et les _____ des enfants diffèrent de ceux des adultes. (17)

c) Je ne me souviens pas toujours de mes rêves à mon _____. (43)

d) Nous rêvons tous, _____ que nous soyons jeunes ou vieux. (55)

e) De violents _____ ont détruit les maisons de cette île du Pacifique. (78)

f) Les gens du village croient que des fantômes _____ cette vieille maison. (79)

B. Remplacez le terme entre parenthèses par un synonyme qui figure dans le texte. Le chiffre renvoie à la ligne appropriée. Faites les transformations grammaticales nécessaires.

a) _____ (En plus de) l'environnement, les souvenirs et la santé influent sur les rêves. (45)

b) Les rêves des enfants reflètent souvent leurs _____ (peurs). (52)

c) Les enfants rêvent rarement à des personnes _____ (mortes). (69)

d) As-tu déjà rêvé que tu étais _____ (immobilisé) dans un ascenseur? (77)

e) La théorie des rêves présentée ici semble _____ (vraisemblable). (96)

C. *à mesure que, à mesure, tandis que*

Donnez la traduction anglaise des phrases ci-dessous. Le chiffre renvoie à la ligne où elles apparaissent dans le texte. Complétez ensuite la phrase donnée à l'aide de la locution.

- **à mesure que** (marque la simultanéité dans le développement de deux actions)

   Les rêves deviennent de plus en plus longs <u>à mesure que</u> la nuit avance. *(34)*

   Traduction :

   _____

   Complétez : J'achète les romans de Michel Tremblay _____ .

- **à mesure** (signifie par degrés successifs, d'une manière progressive)

   Le cerveau doit générer le rêve, créer le scénario et l'interpréter <u>à mesure</u>. *(23)*

   Traduction :

   _____

   Complétez : Quand je fais des biscuits, _____ .

- **tandis que** (marque l'opposition)

   Le corps est privé de toute activité <u>tandis que</u> le cerveau est actif. *(20)*

   Traduction :

   _____

   Complétez : Le matin, mon cerveau fonctionne très bien, _____ .

- **tandis que** (marque la simultanéité)

   Il est arrivé <u>tandis que</u> je me préparais à partir.

   Traduction :

   _____

   Complétez : Je pensais à mon voyage _____ .

D. *Pratique orale du vocabulaire*
Travaillez deux par deux. À tour de rôle, posez les questions à votre partenaire, qui devra répondre à l'aide du mot ou de l'expression entre parenthèses tout en donnant le plus d'information possible. Commentez l'emploi du mot ou de l'expression dans la réponse.
(Faites les transformations grammaticales au besoin.)

Étudiant(e) A

1. En général, à quel moment te souviens-tu de tes rêves ? (réveil)

2. Quel est le plus horrible des cauchemars pour un enfant ? (se faire poursuivre)

3. Quand tu rêves à des personnes, sont-elles généralement vivantes ? (décédé)

4. Que reflètent souvent nos rêves ? (crainte)

Étudiant(e) B

1. Est-ce que tu te déplaces beaucoup dans tes rêves ? (courir sur place)

2. Qu'est-ce qui peut influer sur les rêves des personnes malades ? (gravité)

3. À ton avis, à quoi rêvent surtout les étudiant(e)s ? (courant)

4. Rêves-tu plus souvent quand tu es en vacances ? (peu importe)

Discussion

1. Rêvez-vous souvent ? En couleur ou en noir et blanc ? Quel genre de rêves faites-vous ?

2. Faites-vous souvent des cauchemars ? Si oui, comment réagissez-vous ?

3. Vous arrive-t-il de parler quand vous dormez ?

4. Croyez-vous que l'interprétation des rêves puisse s'avérer une pratique utile ?

5. Attachez-vous beaucoup d'importance à vos rêves ? Croyez-vous au caractère prémonitoire des rêves ?

6. Vous est-il déjà arrivé de faire le même rêve plusieurs fois ?

7. Avez-vous déjà rêvé à une personne que vous n'avez pas vue depuis longtemps ?

Composition

1. Choisissez une personnalité de l'heure. Imaginez et décrivez en détail un cauchemar que pourrait faire cette personne.

2. Devrait-on investir des fonds dans la recherche sur les rêves ? Pourquoi ?

3. Voici le début d'un très beau rêve : *J'avance lentement dans l'eau claire d'une petite rivière...* Imaginez la suite.

Activités

1. *Les interjections*
   Une interjection est un mot (ou groupe de mots) invariable, autonome, inséré dans le discours pour exprimer, d'une manière vive, une émotion, un sentiment, une sensation, un ordre, un appel, pour décrire un bruit, un cri. (*Trésor de la langue française*, 1983)

   De nombreuses interjections apparaîtraient si nous écrivions des dialogues à partir de nos rêves.

   • Travaillez deux par deux. Pour chaque interjection de la colonne A, choisissez, dans la colonne B, le sens qu'elle peut prendre dans une conversation. Écrivez la lettre correspondant au sens à l'endroit approprié.

A

Interjection	Exemple
1. aïe !	Aïe ! tu m'as marché sur les pieds. _____
2. allez !	Allez ! habille-toi, on doit partir dans cinq minutes. _____
3. attention !	Attention ! tu vas renverser ton café. _____
4. bon !	Bon ! J'ai fini. Qu'est-ce qu'on fait maintenant ? _____
5. brr !	Brr ! Il fait froid dans cette salle . _____
6. eh !	Eh ! Brigitte ! Attends-moi ! _____
7. hein ?	Cette bière est bonne, hein ? _____
8. heu...!	Où est le bureau du doyen ? –Heu...! je crois que c'est par là. _____
9. mon œil !	Elle affirme qu'elle a réussi à l'examen ? Mon œil ! _____
10. ouf !	Ouf ! il est parti ! Enfin on va pouvoir s'amuser. _____
11. oust (ouste) !	Allez oust ! tu vas manquer l'autobus. _____
12. psitt (pst) !	Psitt ! viens ici. J'ai quelque chose à te dire. _____
13. voyons donc !	Elle a quitté son mari. – Voyons donc ! ça ne se peut pas ! _____

B

Sens

a) exprimer l'étonnement, la surprise

b) exprimer le soulagement

c) marquer le début hésitant d'un énoncé

d) marquer un changement dans le discours

e) interpeller quelqu'un

f) synonyme de *n'est-ce pas*?

g) exprimer l'incrédulité, le refus

h) appeler, attirer l'attention

i) chasser ou presser quelqu'un

j) exprimer la sensation de froid

k) exprimer une douleur, une surprise désagréable

l) aviser quelqu'un d'un danger

m) marquer la stimulation, l'impatience

- Improvisez des mini-situations dans lesquelles vous inclurez le plus grand nombre possible d'interjections.

2. *Chez le psychanalyste*
Deux par deux, jouez la scène suivante : un(e) client(e) raconte en détail son rêve à un(e) psychanalyste, qui tente d'en faire l'interprétation.

A R T I C L E   1 4

JEUX DE PAUME

Chaque été passé à la ville, je voudrais être dure d'oreille, du moins temporairement. On parle souvent de pollution de l'air, de pollution de l'eau, rarement de pollution sonore. J'ai essayé la ouate, les boules de cire, le casque d'écoute et je dors
5   depuis des années la tête en sandwich entre deux oreillers. Une des plus importantes causes de stress chez l'humain, cette cacophonie de décibels n'indispose pas tout le monde, loin de là : 700 000 Québécois malentendants ou complètement sourds échappent au vacarme de la construction, aux crissements des
10 pneus sur l'asphalte, aux ronflements de moteurs et aux marteaux-piqueurs.

Durs d'oreille ou complètement coupés du monde par un mur de silence, tous ne s'en plaignent pas, au contraire. Le sentiment d'appartenance dans la communauté sourde est soudé par
15 la connivence, les revers du destin et autres difficultés du quotidien. On parle d'une « culture » sourde et pour cause : ils ont leurs journaux, leur humour, leurs troupes de théâtre, leur festival annuel, leurs Olympiques.

Ces « handicapés » auditifs et verbaux communiquent de
20 toutes sortes de façons entre eux ; l'Internet leur a, sinon sauvé la vie, du moins sauvé l'ouïe. Mis à part l'écriture, le véritable moyen de communication des sourds reste le langage signé. Jeu de main qui tient du code secret et du mime, ce langage de
25 sourds possède son alphabet, sa propre structure grammaticale,

sa syntaxe et compte environ 7000 mots à mémoriser du bout des doigts.

Ne pensez pas que tous les malentendants communiquent avec les mêmes signes ; ce serait trop simple ! Au Québec, la troisième solitude est confrontée exactement aux mêmes barrières linguistiques que les deux autres. « Il existe la langue des signes québécoise (LSQ) utilisée par les francophones et l'American Sign Language (ASL) employé par les anglophones. On retrouve environ 40 % de signes communs », m'explique mon interprète, la présidente de « La Langue des signes américains de Montréal ». Initiée par un collègue de travail, Linda Nemeth pratique cette langue comme d'autres le golf, avec un handicap plus ou moins élevé. Parce qu'elles font face à des réalités différentes, chaque communauté possède son jeu de paume avec ses particularités ; les Chinois ont le leur, les Russes aussi, de même que les Japonais et les Britanniques. Aucun code universel n'existe mis à part celui que les « entendants » exploitent eux aussi, c'est-à-dire le sourire, le clin d'œil, la poignée de main, le froncement de sourcil, le bâillement et... le bras d'honneur.

Apprendre le langage signé exige les mêmes habiletés que pour apprendre une langue seconde et sensiblement le même nombre d'années, soit environ quatre ans. « Apprendre l'ASL m'a beaucoup aidée à m'extrovertir dans le monde des « entendants », me confie Linda. J'étais une personne réservée, peu portée à exprimer mes émotions. J'ai été obligée de communiquer en accentuant mes expressions. 60 % de l'ASL fait appel à tout ton être, ton corps, tes expressions faciales, tes yeux. Le reste se fait avec les mains. Les sourds décodent tout. » Fins observateurs, ils baptisent une personne en langage signé après l'avoir fréquentée quelque temps. Le nom de Linda représente un L formé avec le pouce et l'index et un petit geste sur le thorax vers le haut qui signifie qu'elle est coquette, soucieuse de sa personne. « Ils m'ont donné ce nom parce que je viens toujours les voir après le

bureau, tirée à quatre épingles », explique-t-elle en rougissant.
60   Certains ont moins de chance. Gorbachev est représenté par un cercle sur la tête illustrant sa tache de naissance, Brian Mulroney par son menton et Jean Chrétien en étirant la bouche sur le côté.

À Montréal, il existe le centre linguistique ASL qui, en plus de donner des cours pour former des interprètes, enseigne aussi aux
65   parents et amis d'enfants malentendants et sourds, de même qu'aux entreprises. Ce centre linguistique muet offre également des cours d'alphabétisation aux adultes sourds. « Nous préférons employer le mot sourd plutôt que malentendant qui est plus ambigu. Nous n'avons pas honte d'être ce que nous sommes »,
70   précise Valérie Bertin, sourde de naissance et fondatrice de ASL à Montréal. En fait, il arrive très souvent à Valérie d'oublier qu'elle est muette puisqu'elle maîtrise aussi bien le American Sign Language que la langue des signes québécoise. L'hiver dernier, elle est sortie de son automobile pour engueuler un conducteur
75   qui avait omis de freiner au feu rouge. « Il avait l'air d'être très étonné, mais de tout comprendre », traduit Linda.

Si un mur de son nous sépare de cette petite communauté qui se considère comme une minorité linguistique, les expériences de partage restent multiples. « Il n'y a pas 56 façons de le faire,
80   insiste Linda. C'est à nous d'aller vers eux. Ça restera toujours plus facile pour un « entendant » d'apprendre le langage signé que pour un malentendant d'apprendre à parler. »

Adapté de Josée Blanchette, *Le Devoir*

Anticipation

1. Connaissez-vous des personnes sourdes ou qui n'entendent pas bien ?

2. Connaissez-vous la langue des signes ?

3. Selon vous, la langue des signes est-elle la même pour les anglophones que pour les francophones ?

Compréhension

1. Relevez, dans le premier paragraphe, cinq mots ou expressions qui se rapportent directement au bruit.

2. Dans le premier paragraphe, quels sont les deux termes employés par l'auteure pour désigner les handicapés auditifs ? Selon vous, quelle différence de sens y a-t-il entre ces deux termes ?

3. Résumez en quelques mots l'idée principale du paragraphe commençant à la ligne 12.

4. Quels sont les deux moyens de communication des sourds mentionnés aux lignes 19 à 26 ?

5. Que signifie la phrase suivante : « Au Québec, la troisième solitude est confrontée exactement aux mêmes barrières linguistiques que les deux autres. » ? (*ligne 29*)

6. Existe-t-il un langage signé universel ? Pourquoi ?

7. Qu'est-ce qui est commun à toutes les communautés ?

8. Quelle importance les mains ont-elles dans l'ASL ?

9. Quelle stratégie les sourds emploient-ils pour nommer les gens ?

10. En quoi l'anecdote racontée dans l'avant-dernier paragraphe est-elle amusante ?

Vocabulaire

A. Répondez aux questions à l'aide d'un mot ou d'un groupe de mots de la liste suivante.

sourd(e), l'odorat, un oreiller, de la ouate, un clin d'œil,

des boules de cire, un bâillement, l'ouïe, muet(te), coquet(te)

1. Nommez deux choses qu'on peut se mettre dans les oreilles pour se protéger du bruit.

2. Sur quoi posez-vous votre tête quand vous voulez dormir ?

3. Parmi les cinq sens, lequel permet d'entendre ?

4. Comment appelle-t-on le mouvement rapide de la paupière qui exprime la complicité ?

5. Quel mouvement involontaire de la bouche exprime la fatigue ou l'ennui ?

6. Un homme qui ne peut pas parler est _____.

7. Une femme qui n'entend pas est _____.

8. Cette femme s'habille avec un soin méticuleux : elle est très _____.

B. Complétez les phrases suivantes avec des mots ou des expressions qui figurent dans le texte. Le chiffre renvoie à la ligne appropriée. Faites les transformations grammaticales nécessaires.

a) Le bruit de la rue _____ plusieurs personnes. (7)

b) Mon voisin fait un tel _____ qu'il m'est impossible d'étudier. (9)

c) Je déteste le _____ des pneus sur l'asphalte. (9)

d) Les _____ de mon père m'empêchent de dormir. (10)

e) Mon ami est _____ : il n'entend pas bien. (12)

f) Pour les sourds, le _____ comporte des difficultés supplémentaires. (15)

g) Pour bien communiquer, les sourds doivent connaître les mots _____ . (26)

h) Les gens timides _____ facilement. (59)

C. *Pratique orale du vocabulaire*
Travaillez deux par deux. À tour de rôle, posez les questions à votre partenaire, qui devra répondre à l'aide d'un mot ou une d'expression de la liste ci-dessous. Ajoutez des détails supplémentaires afin de produire une réponse la plus naturelle possible.

rougir

tiré à quatre épingles

habileté

tache de naissance

compter

engueuler

1. Que penses-tu de la tenue vestimentaire du premier ministre?

2. Combien y a-t-il de mots dans la langue des signes?

3. Es-tu timide?

4. Qu'est-ce que monsieur Gorbachev a sur la tête?

5. Te mets-tu parfois en colère quand tu conduis une auto?

6. Qu'est-ce que l'apprentissage d'une langue seconde et celui du langage signé ont en commun?

Discussion

1. Le bruit vous dérange-t-il? Préférez-vous étudier avec ou sans bruit de fond?

2. Selon le texte, l'apprentissage de la langue des signes exige les mêmes habiletés que l'apprentissage d'une langue seconde. Seriez-vous apte à apprendre le LSQ?

3. Avez-vous déjà été témoin d'une conversation où on se servait de la langue des signes? Quelle a été votre réaction?

4. Quels sont les services offerts dans votre collège ou votre université aux personnes qui ont des handicaps physiques?

5. Une relation amoureuse est-elle possible entre une personne sourde et une personne qui entend normalement?

Composition

1. Comment les nouvelles technologies peuvent-elles venir en aide aux sourds et aux aveugles?

2. Écrivez une lettre à votre propriétaire ou au responsable de l'édifice dans lequel vous habitez pour vous plaindre du bruit excessif dans l'appartement voisin du vôtre.

3. Selon vous, assisterons-nous à l'apparition de formes nouvelles ou inhabituelles de communication entre les êtres humains au XXIe siècle?

Activités

1. *Expressions idiomatiques*
   Les expressions idiomatiques suivantes contiennent des termes désignant des parties du corps.

   Dans un premier temps, demandez à des francophones de bien vous expliquer le sens de ces expressions. Ensuite, deux par deux, improvisez un dialogue dans lequel vous inclurez le plus grand nombre possible de ces expressions.

   avoir du front tout le tour de la tête

   mener quelqu'un par le bout du nez

   rester bouche bée

   ne pas avoir la langue dans sa poche

être à bout de nerfs

faire de l'œil à quelqu'un

avoir un œil au beurre noir

sauter aux yeux

coûter les yeux de la tête

mettre quelqu'un à pied

prendre ses jambes à son cou

avoir l'estomac dans les talons

rire aux larmes

manger sur le pouce

2. *Les services*
Formez des groupes de trois. Chaque membre du groupe se renseignera sur l'un des sujets suivants :

Quels sont les services offerts aux sourds dans la région ?

Quels sont les services offerts aux aveugles dans la région ?

Quels sont les services offerts aux personnes qui ne peuvent se déplacer seules ?

De retour en classe, chaque membre du groupe fait part aux deux autres des renseignements obtenus. Faites suivre d'une discussion.

A R T I C L E   1 5

LES PRODIGES
DE L'EFFET PLACEBO

L'effet placebo, c'est un mécanisme mystérieux et magique par lequel un patient réagit positivement, alors que le médicament qu'il absorbe n'est rien d'autre que... de la poudre de perlimpinpin. Ou une substance sans effet pharmacologique probant. Ces produits, scientifiquement inopérants, agissent par le simple pouvoir de la conviction. Et font refluer, chez beaucoup, l'anxiété, la douleur, l'arthrite, les ulcères...

C e fut une étrange expérience. Réalisée dans les années 60 par un chercheur dénommé Reed, elle place deux hommes dans une pièce à demi obscure, après qu'on leur a administré à chacun un «mystérieux produit» dont ils ne con-
5 naissent pas la nature exacte. En fait l'un reçoit du LSD, drogue hallucinogène bien connue, l'autre un placebo, autrement dit une substance parfaitement inactive. Au cours des heures qui suivent l'absorption, les deux sujets présentent des signes psychotiques qui correspondent aux effets du LSD. Puis, lorsqu'ils reviennent
10 à leur état mental normal, on leur explique que de tels comportements peuvent résulter d'un simple placebo. Enfin, on donne à chacun l'inverse de ce qu'il a absorbé la première fois : un placebo pour le premier, du LSD pour le second. Et on attend. En vain. Car aucun des deux sujets ne grimpe aux murs. « Ne pas
15 perdre la face devant l'autre, en faisant le clown sous placebo, se

révèle une motivation suffisante pour annihiler totalement l'effet d'une drogue aussi puissante que le LSD! » commente le docteur Patrick Lemoine, psychiatre hospitalier à Lyon et auteur d'un excellent livre, *Les mystères du placebo*.

L'empire du placebo est vaste. Très vaste. L'anxiété, la dépres- 20 sion, la douleur, la migraine, les ulcères, l'arthrite, la toux et même le rhume des foins refluent souvent face au mystérieux « effet placebo ». De quoi s'agit-il? D'un mécanisme complexe, qui veut que le malade réagisse positivement à l'administration 25 d'un médicament qui n'est autre que de la poudre de perlimpin-pin.

Il est question ici d'une illusion enchanteresse. Un charme qui, pour opérer, nécessite le double concours du malade, bien sûr, mais aussi du médecin. Des études réalisées en France et en 30 Grande-Bretagne montrent en effet qu'entre une description enthousiaste d'un médicament et sa présentation, disons, rigoureuse ou sceptique par le médecin, l'effet placebo est augmenté ou diminué dans des proportions de 40 %.

Le docteur Patrick Lemoine ose même la comparaison avec 35 les grands sorciers : « Ce qui active l'effet placebo, c'est la croyance et le rituel. Le médecin est vêtu d'une manière différente, non pas avec des plumes et des peaux de bête, mais avec une blouse blanche qui le distingue du commun des mortels. Autour du cou, son collier magique : le stéthoscope. À portée de 40 main, son bloc d'ordonnances pour écrire quelques incantations mystérieuses. La preuve : elles sont le plus souvent illisibles ! »

Tout compte, en vérité, dans l'effet placebo. Le nom, bien sûr. Corvisart, le médecin de Napoléon, donnait de la mie de pain aux courtisans constipés, mais il appelait ce « remède » «*Mica Panis*», 45 s'aidant de la magie du latin pour conserver à son art tout son mystère. Aujourd'hui, certains noms de médicaments semblent renforcer leur effet supposé. Les préfixes en « pro » ou en « sur », par exemple, donnent à leurs consommateurs le sentiment inconscient qu'ils vont être tirés vers le haut.

50 La couleur, aussi, marque l'esprit du consommateur. Les médicaments destinés à combattre l'anxiété semblent plus efficaces s'ils sont bleus, tandis que les teintes tournant autour du rouge renforcent les promesses des stimulants.

Mais l'élément clé, c'est l'attitude du médecin. Et d'abord sa
55 capacité d'attention. Nombre de praticiens parfaitement sceptiques sur les vertus scientifiques de l'homéopathie reconnaissent que ses résultats proviennent de la disponibilité plus grande du médecin homéopathe : au cours d'une longue consultation, il s'intéresse au patient en lui développant des théories rassurantes
60 et gratifiantes. De la même façon, des médecins des urgences ont remarqué qu'une personne hyperangoissée retrouvera aussi facilement son calme s'ils demeurent auprès d'elle durant un quart d'heure après lui avoir donné un verre d'eau sucrée que s'ils lui administrent un quelconque psychotrope en pliant bagage
65 immédiatement. Leçons d'humanité toutes simples, mais si souvent désapprises !

Si le comportement du médecin joue dans cette illusion un rôle si déterminant, c'est qu'il représente l'autorité. Plus celle-ci rayonne, plus le pouvoir de conviction fonctionne. Le prix Nobel
70 de chimie Linus Pauling détient en ce domaine un record inégalé. Ce brillant scientifique s'aventura sur le terrain, peu familier pour lui, de la médecine et répéta, jusqu'à l'obsession, que la vitamine C était efficace dans de nombreuses maladies, notamment la grippe et le rhume. Sans son prix Nobel comme argument d'au-
75 torité, M. Pauling aurait bien pu croquer toute sa vie des tablettes de vitamine, l'humanité n'y aurait accordé aucune attention. Mais le Nobel, fût-il de chimie, contribua à répandre sa foi injustifiée en la vitamine C dans toute la population médicale : combien de généralistes, aujourd'hui encore, continuent de prescrire de la
80 vitamine C à leurs patients pour deux petites cures d'entretien par an ? « C'est absurde, assure un médecin. La vitamine C n'est efficace que si vous souffrez d'une carence. Or je connais peu de

mes contemporains qui soient atteints du scorbut. La vitamine C est donc utilisée comme un placebo qui n'est pas assimilé par notre organisme déjà saturé. »   85

L'essentiel, dira-t-on, c'est que ça marche, et que le consommateur de vitamine C se sente subitement plus en forme, fût-ce au prix d'une mystification...

Le placebo, en effet, n'est pas dénué de qualités. Dans le sevrage de psychotropes, par exemple, le placebo joue un rôle   90 décisif, selon une méthode mise au point par Patrick Lemoine. Le médecin prescrit au patient des gélules vides ainsi que son somnifère habituel. Le premier soir, le patient a le choix entre sept gélules, dont six contenant le somnifère, la septième étant un placebo. Le deuxième soir, on passe à une proportion de cinq   95 pour sept et ainsi de suite. Au bout d'un mois, à des rythmes différents selon les cas, le sevrage est généralement en bonne voie.

Les pouvoirs du placebo ne sont évidemment pas infinis. D'abord, ils dépendent éminemment des sujets et des circonstances. D'une manière générale, tous les malades qui ne   100 perçoivent pas leurs symptômes sont insensibles au placebo. Il est difficile, en effet, de les persuader que des troubles qu'ils ignorent vont disparaître.

Enfin et surtout, un placebo peut avoir des conséquences désastreuses lorsqu'un tuberculeux, par exemple, voit ses symp-   105 tômes régresser alors que la maladie, elle, évolue en l'absence de tout traitement.

Adapté de Sophie Coignard, *Le Point*

Anticipation

1. Dans quelles circonstances prenez-vous des médicaments ?

2. Que signifie l'expression *effet placebo* ?

3. Selon vous, quels pourraient être les bienfaits et les dangers associés à l'effet placebo ?

4. Lisez le paragraphe en italique qui précède le texte. Quel est l'objectif de ce paragraphe ? À votre avis, que signifie l'expression *poudre de perlimpinpin* ?

Compréhension

1. L'expérience de Reed comprend deux étapes successives. Résumez-les en quelques mots.

2. À l'aide du contexte et de votre dictionnaire, expliquez le sens de l'expression « grimper aux murs ». (*ligne 14*)

3. Quel rôle peut jouer le médecin dans l'effet placebo ?

4. Relevez trois éléments de comparaison entre les grands sorciers et les médecins.

5. L'attitude du médecin est un facteur pouvant influer sur l'effet placebo. Nommez deux autres facteurs. (*lignes 43 à 53*)

6. Comment certains médecins expliquent-ils les résultats de l'homéopathie ?

7. Résumez l'exemple que donne l'auteure pour illustrer l'importance de la réputation du médecin. (*lignes 67 à 85*)

8. Sur quel type de malades un placebo est-il incapable d'agir ?

Vocabulaire

A. Complétez les phrases suivantes à l'aide de mots qui figurent dans le texte. Le chiffre renvoie à la ligne appropriée. Faites les transformations grammaticales nécessaires.

a) Reed a réalisé son _____ dans les années 60. *(1)*

b) Le LSD peut provoquer des _____ étranges. *(10)*

c) Au printemps, je souffre du _____; alors j'éternue beaucoup. *(22)*

d) Le médecin a écrit une _____ que le pharmacien n'arrive pas à lire. *(41)*

e) Les médecins sont souvent _____ en ce qui concerne l'homéopathie. *(55)*

f) Beaucoup de médicaments _____ de plantes exotiques. *(57)*

g) La période de _____ est très difficile pour un toxicomane. *(90)*

h) Cette femme ignore qu'elle est malade. Elle sera _____ au placebo. *(101)*

B. À l'aide du contexte et de votre dictionnaire, expliquez en français le sens des expressions en italique dans les phrases ci-dessous. Le chiffre renvoie à la ligne où se trouve l'expression dans le texte.

a) Et on attend. *En vain.* *(14)*

b) Ne pas *perdre la face* devant l'autre... *(15)*

c) ...s'ils lui administrent un quelconque psychotrope *en pliant bagage...* *(64)*

d) ...le sevrage est généralement *en bonne voie.* *(97)*

C. *Pratique orale du vocabulaire*
Travaillez deux par deux. À tour de rôle, posez les questions à votre partenaire, qui devra répondre à l'aide du mot ou de l'expression entre parenthèses tout en donnant le plus d'information possible. Commentez l'emploi du mot ou de l'expression dans la réponse.

(Faites les transformations grammaticales au besoin.)

Etudiant(e) A

1. Qu'est-ce que Reed a fait en 1960 ? (expérience)

2. As-tu consulté un médecin cette année ? (ordonnance)

3. Quelle est l'attitude de beaucoup de médecins à l'égard des médecines douces ? (sceptique)

4. Portes-tu des crèmes solaires l'été ? (sensible)

5. Comment te sens-tu pendant la période des examens ? (anxieux / anxieuse)

Étudiant(e) B

1. Que penses-tu de l'écriture de certains professeurs ? (illisible)

2. Comment te sens-tu après une bonne nuit de sommeil ? (en forme)

3. Pourquoi la couleur d'un médicament est-elle importante ? (consommateur)

4. Qu'est-ce que le texte t'a appris sur la vitamine C ? (efficace)

5. Comment te sens-tu lorsque tu restes longtemps assis(e) devant ton ordinateur ? (douleur)

Discussion

1. Prenez-vous de la vitamine C quand vous avez un rhume ou une grippe ? Si oui, cela vous aide-t-il à vous sentir mieux ?

2. Vous est-il déjà arrivé de mettre en doute le diagnostic d'un médecin ?

3. Croyez-vous que les étudiant(e)s consomment beaucoup de tranquillisants, de somnifères ou de stimulants ?

4. Dressez une liste des médecines douces qui vous sont familières ou dont vous avez entendu parler. Lesquelles vous semblent les plus efficaces ? Y en a-t-il qui vous apparaissent dangereuses ?

5. Avez-vous déjà consulté un(e) homéopathe ? Pourquoi ? Si oui, votre rencontre a-t-elle été satisfaisante ?

6. En France, la Sécurité sociale rembourse jusqu'à 65 % du coût de certains médicaments homéopathiques. Le gouvernement canadien devrait-il en faire autant ?

7. Que pensez-vous des expériences faites sur les animaux dans le but de tester certains médicaments ?

Composition

1. Avons-nous trop facilement recours aux médicaments ?

2. Faites-vous confiance aux médecines douces ?

3. Vous travaillez pour le journal de votre collège ou université. Rédigez un article dans lequel vous décrivez de façon humoristique les situations stressantes qu'entraîne la vie étudiante. Offrez quelques conseils pour combattre le stress.

Activités

1. *Publicités pour médicaments*
   Cherchez dans des magazines ou des journaux de langue française des publicités vantant les mérites d'un médicament. Présentez-les à vos camarades de classe (à l'aide d'un rétroprojecteur ou de photocopies) et commentez-les. Vous pouvez, par exemple, discuter du nom du produit, du prix, de l'emballage, des personnages, du texte apparaissant dans l'annonce, du public visé, de l'efficacité de la publicité, des risques associés au médicament, etc. Invitez vos camarades à donner leur avis.

   (*Suggestion :* le professeur peut désigner un groupe comme responsable de la préparation et du déroulement de cette activité.)

2. *Les valeurs*
   Classez les valeurs de la liste suivante par ordre décroissant de l'importance que vous accordez à chacune.

   santé

   amour

   amitié

   travail

   liberté

   sexualité

   réussite professionnelle

   Formez des groupes de trois ou quatre. Présentez aux autres membres du groupe les trois valeurs qui sont les plus importantes pour vous et justifiez vos choix.

   Essayez ensuite de vous entendre sur le choix de la valeur la plus importante au sein de votre groupe.

   Chaque groupe va écrire au tableau la valeur déterminée par consensus.

POURQUOI EUX ET PAS NOUS ?

N'est pas athlète qui veut, mais seulement qui peut.

Vous rêvez de courir le 100 mètres en 10 secondes ou de boucler le Marathon de Montréal en un peu plus de 2 heures. Pour y arriver, vous avez donné le maximum : des mois d'entraînement spartiate, une diète sévère et une préparation mentale à toute épreuve. Bref, vous croyez n'avoir rien laissé au 5 hasard... Sauf, peut-être, l'hérédité. Au fond, êtes-vous vraiment taillé pour accomplir un exploit sportif ?

On s'interroge de plus en plus sur le rôle que joue le bagage génétique dans les performances d'un athlète. Si on doute toujours de l'existence d'un gène spécifique ayant un effet majeur en 10 ce sens, il est possible en revanche que plusieurs gènes soient en cause.

« Un athlète qui court le marathon doit posséder un cœur gigantesque, beaucoup de mitochondries et des poumons en mesure d'extraire le volume d'oxygène nécessaire pour ce type 15 d'exercice, explique le physiologiste Jean-Aimé Simoneau, du Groupe de recherche en biologie de l'activité physique (GRBAP) de l'Université Laval. C'est un phénomène multiorgane et il semble clair que plusieurs gènes sont en cause. » Un bagage héréditaire serait donc responsable de la performance des muscles, des 20 poumons ou du cœur d'un individu lors d'épreuves de longue durée.

Encore aujourd'hui, la meilleure façon de détecter le talent d'un athlète, un coureur par exemple, consiste tout simplement à
25 l'amener au bloc de départ et à le faire courir! Puis, on tente de sélectionner les individus les plus prometteurs en fonction de différents critères : taille, poids, potentiel métabolique intracellulaire, type de fibres musculaires, pourcentage de tissus graisseux et autres.

30 Certains de ces paramètres d'ordre génétique sont déjà bien connus. « On sait que la consommation maximale d'oxygène d'un marathonien est de 75 ml/kg (celle d'une personne sédentaire est d'environ 35 ml/kg) et que cette capacité ne peut être attribuable uniquement à l'entraînement », explique Jean-Aimé Simoneau.

35 On s'intéresse également beaucoup aux fibres musculaires. Nos muscles comportent deux catégories de fibres, les fibres à contraction rapide et celles à contraction lente. Là encore, les chercheurs soupçonnent que des gènes sont en cause.

Ainsi, si vous rêvez de talonner un jour Bruny Surin lors des
40 épreuves de sprint, mieux vaut posséder des fibres à contraction (ultra !) rapide. Ces fibres sont dotées de protéines qui dégradent rapidement les substrats énergétiques, produisant ainsi plus de puissance à court terme. Les fibres à contraction lente, en contrepartie, brûlent plus lentement leur carburant. Elles convien-
45 nent donc mieux aux efforts prolongés, comme lors d'un marathon.

Évidemment, le type de fibres musculaires n'explique pas tout. L'athlète doit aussi avoir le physique général de l'emploi. «Un athlète avec les fibres musculaires d'un marathonien mais
50 un gabarit trapu et un cœur peu volumineux ne pourra jamais réussir dans cette discipline », précise Duncan MacDougall, kinésithérapeute.

Le rêve de tout entraîneur reste de savoir, dès le départ, à qui il a affaire. Ainsi, s'il était possible de détecter dès la naissance
55 – comme c'est le cas pour certaines maladies génétiques – la

présence dans les gènes d'un fort pourcentage de fibres à contraction rapide, on saurait que cet individu aura très probablement à l'adolescence des qualités musculaires exceptionnelles pour les épreuves de courte durée.

Mais, pour l'instant, la seule méthode efficace pour découvrir des talents reste celle, bien connue, de l'essai/erreur. Ainsi, en Russie et à Cuba, on pratique encore ce qu'on appelle le dépistage de masse des athlètes. Une méthode pas très populaire chez nous, mais qui a fait ses preuves là-bas. Elle consiste essentiellement à soumettre les jeunes à une foule d'activités sportives, à retenir les meilleurs talents naturels, puis à mesurer leurs capacités physiologique, morphologique, anthropométrique et psychologique. Le travail à la chaîne, quoi !

Au-delà des prédispositions « naturelles » d'un individu, l'entraînement joue un rôle majeur. « L'entraînement tente d'amener l'athlète au sommet de sa courbe de performance, soit tout juste avant le seuil du surentraînement, indique le physiologiste François Péronnet. Si l'athlète n'y parvient pas, son potentiel ne sera pas pleinement exploité, et s'il excède cette courbe, sa performance va diminuer. »

Les méthodes d'entraînement varient énormément selon les activités et souvent à l'intérieur d'une même discipline. Prenons la technique de « l'affûtage ». On sait qu'un athlète au repos forcé pendant quelques jours a habituellement de meilleures performances par la suite. L'affûtage consiste donc, par exemple, à diminuer l'intensité de l'entraînement durant la semaine précédant la compétition dans l'espoir d'obtenir une performance exceptionnelle lors de l'épreuve.

L'entraînement en altitude est une autre méthode en vogue. Certains estiment qu'un athlète de longue distance qui s'entraîne à plus de 700 mètres peut augmenter de façon notable son taux d'hémoglobine. L'hémoglobine joue un rôle essentiel dans le transport de l'oxygène vers les tissus, et on a constaté qu'en

altitude l'organisme fabrique plus de cellules sanguines et aug-
90   mente son taux d'hémoglobine. « C'est une façon légale de tricher, comparable au dopage sanguin. Cela permet d'augmenter de
5 % la capacité de l'organisme », estime Norm Glenhill, directeur
du Laboratoire de la performance humaine à l'Université York, à
Toronto, et ex-entraîneur sportif. Selon lui, 5 %, c'est « énorme » !
95   « Une amélioration de la performance d'à peine un ou deux pour
cent peut faire la différence entre une première et une cinquième
place au fil d'arrivée », rappelle-t-il.

La préparation mentale d'un athlète a également un effet sur
son classement final. « Les problèmes de concentration, de con-
100   fiance en soi et d'incapacité à maîtriser le stress sont très
fréquents chez les athlètes, indique Gretchen Kerr, psychologue
du sport à l'Université de Toronto. Tout athlète a une certaine
volonté de gagner, mais quand cette tension n'est pas maîtrisée,
elle entraîne une rigidité musculaire nuisible à sa performance.
105   Les athlètes qui contrôlent bien l'aspect mental de la compétition
sont souvent ceux qui y ont travaillé pendant des années. »

Et l'entraîneur dans tout ça ? Le physiologiste François
Péronnet a tendance à lui accorder un rôle limité. « Je ne dis pas
que le rôle de l'entraîneur n'est pas important, se défend-il, mais
110   si un athlète est véritablement doué – si c'est un Carl Lewis, par
exemple –, c'est certain qu'il va réussir. »

En fait, constate-t-il, « c'est souvent l'athlète qui fait l'entraîneur ! »

Adapté de Claude Forand, *Québec Science*

Anticipation

En groupes de trois, dressez une liste des facteurs qui peuvent influencer les performances d'un athlète.

Compréhension

1. Les deux premiers paragraphes introduisent l'idée principale du texte. Pouvez-vous présenter cette idée sous forme de question ?

2. Relevez aux lignes 30 à 59 quatre aspects d'ordre génétique qui influencent la performance athlétique.

3. À quoi servent les fibres à contraction rapide ? les fibres à contraction lente ? (*lignes 39 à 46*)

4. Quel est le lien logique entre les paragraphes commençant aux lignes 53 et 60 ?

5. Quel danger peut représenter le surentraînement ?

6. Relevez deux méthodes d'entraînement et donnez-en une brève description.

7. Pourquoi Norm Glenhill parle-t-il d'une « façon légale de tricher » ? (*ligne 90*)

8. Quels sont les problèmes associés à une mauvaise préparation mentale ?

9. Comment François Péronnet perçoit-il l'entraîneur ?

Vocabulaire

A. Remplacez le terme entre parenthèses par un synonyme qui figure dans le texte. Le chiffre renvoie à la ligne appropriée. Faites les transformations grammaticales nécessaires.

a) Ce coureur est _____ (capable) de gagner la médaille d'or. (*14*)

b) La capacité de maîtriser le stress varie selon les _____ (personnes). (*21*)

c) Un athlète peut augmenter son _____ (niveau) d'hémoglobine. *(86)*

d) Bruny Surin et Donovan Bailey sont des athlètes très _____ (talentueux). *(110)*

B. Choisissez dans la liste ci-dessous le mot ou l'expression qui convient pour compléter chaque phrase. Faites les transformations grammaticales nécessaires.

confiance en soi	à peine	classement	nuisible
entraîneur	attribuable	en cause	s'entraîner

a) La préparation mentale d'un athlète a une influence sur son _____ final.

b) Les _____ ont parfois un rôle assez limité.

c) La performance d'un athlète n'est pas uniquement _____ à l'entraînement. Des facteurs héréditaires sont _____.

d) Le stress associé à la compétition peut être _____ à la performance.

e) Une amélioration de la performance d'_____ 5 % peut faire toute la différence !

f) L'entraînement n'est pas suffisant. Il faut aussi développer la _____.

g) Cet athlète _____ tous les jours.

C. Les mots **place**, **effet** et **estimer** peuvent se traduire en anglais de plusieurs façons selon le sens qu'ils prennent dans la phrase.

Travaillez deux par deux. Choisissez parmi les équivalents anglais donnés entre parenthèses celui qui correspond au sens du mot en italique dans la phrase. Vous pouvez vous servir d'un dictionnaire bilingue qui présente les mots en contexte. (Le sens du mot en italique dans la première phrase figure dans le texte à la ligne indiquée entre parenthèses.)

place : (seat, square, room, job, place)

Une amélioration de la performance fait la différence entre une première et une cinquième *place*. (97)

Il y a au moins 400 *places* dans ce cinéma.

Je suis désolé, mais il n'y a plus de *place* dans ma valise.

Je cherche une *place* comme vendeuse.

En Italie, au milieu de chaque *place*, il y a une fontaine.

effet : (effect, impression)

L'existence d'un gène spécifique a un *effet* majeur sur les performances d'un athlète. (10)

Quel *effet* vous a fait le professeur quand vous l'avez rencontré au premier cours ?

estimer : (to think / to consider, to estimate, to respect)

Norm Glenhill *estime* que l'entraînement en altitude permet d'augmenter le taux d'hémoglobine. (92)

Il est difficile d'*estimer* les coûts associés à l'entraînement d'un athlète professionnel.

J'*estime* beaucoup cet homme, mais je ne le choisirais jamais comme entraîneur.

Discussion

1. Les parents devraient-ils obliger les enfants à pratiquer un sport ?
2. Avez-vous déjà participé à des compétitions sportives ? L'expérience vous a-t-elle plu ?
3. Avez-vous déjà rêvé d'être un athlète professionnel ?
4 Selon vous, qui est l'athlète idéal ?
5. Quelles raisons peuvent motiver un individu à s'engager dans la compétition sportive ?

6. Que pensez-vous de la présence d'athlètes renommés dans la publicité ?

7. Croyez-vous qu'un jour les athlètes auront le droit de recourir aux drogues pour améliorer leur performance lors des compétitions ?

8. Les salaires des professionnels du sport vous semblent-ils exorbitants ?

9. Devrait-on interdire, dans les grands événements sportifs, toute publicité visant à encourager le tabagisme ?

Composition

1. On pourra probablement, dans un avenir assez rapproché, savoir dès la naissance si une personne aura ou non des aptitudes pour un sport en particulier. Selon vous, quels sont les avantages et les dangers associés à ce genre de connaissance ?

2. Quelles sont les valeurs véhiculées par les Jeux olympiques ?

3. Commentez l'affirmation suivante : « C'est souvent l'athlète qui fait l'entraîneur. »

Activités

I. *Comparons les dictionnaires*

- À l'extérieur de la classe

  Cherchez successivement le mot « sport » dans le *Petit Robert*, dans le *Lexis* et dans le *Robert & Collins* (vous trouverez sûrement ces ouvrages de référence à la bibliothèque de votre collège ou université). Remplissez le tableau ci-contre (s'il n'y a pas de réponse, inscrivez un « X » à l'endroit approprié).

- En classe

  Apportez en classe une photocopie des trois entrées (dans le *Petit Robert*, le *Lexis* et le *Robert & Collins*) afin de faciliter la discussion. Formez des groupes de trois et comparez les résultats de vos recherches.

	Lexis	Petit Robert	Robert & Collins
1. Quelle est l'origine du mot « sport » ? (Vérifiez le sens des abréviations qui apparaissent au début du dictionnaire.)			
2. Quand ce mot est-il apparu dans la langue écrite ?			
3. Relevez des définitions de ce mot.	1. 2. 3.	1. 2. 3.	1. 2. 3.
4. Dans quelle définition se trouve la liste des divers types de sports (nautiques, de combat, etc.) ?			
5. Ce mot peut-il être un adjectif ? Si oui, donnez des exemples.	1. 2. 3.	1. 2. 3.	
6. Relevez une expression familière incluant ce mot. Donnez-en le sens.			

2. *Débat*

Organisez un débat sur l'affirmation suivante : « Les universités doivent investir davantage dans le sport. » Formez deux équipes et préparez des arguments en faveur de votre position. Un membre du groupe agira comme modérateur ou modératrice et expliquera les règles à suivre lors du débat.

6 Visions d'avenir

Odyssée du cyberespace

Au bureau, il n'est aujourd'hui guère concevable de se passer des ordinateurs. Au contraire : ceux qui n'en ont pas se sentent presque brimés... Et, quand un directeur parle de modernisation, il a tendance à penser informatisation. Conclusion : il y aura de plus en plus d'ordinateurs. À la maison, votre machine à laver fonctionne avec un petit microprocesseur, la qualité de la ligne téléphonique doit beaucoup aux technologies numériques... Bref, vous êtes cerné par l'informatique. Est-ce grave ? Non, c'est juste une révolution.

Un peu d'histoire : quatre grands moments, quatre bonds en avant permettent de résumer la longue marche de l'informatique.

Le premier remonte à 1946, quand les Américains mettent au point l'Eniac, un monstre de 30 tonnes occupant une pièce entière. S'il n'est pas plus puissant qu'une calculatrice de poche d'aujourd'hui, il ouvre la voie aux ordinateurs modernes. En 1949, ceux-ci ne sont encore que de gros mastodontes, à tel point que Thomas Watson, président d'IBM, prophétise qu'il n'y aura pas de marché pour plus de cinq machines dans le monde...

Montée en puissance

En 1971, l'Américain Ted Hoff, chercheur de la firme américaine Intel, crée le microprocesseur : une petite plaque de silice sur laquelle on grave le cerveau électronique. C'est la deuxième étape. L'ordinateur va réduire considérablement sa taille, et son

prix. D'autant que Gordon Moore, patron d'Intel, prédit dès le
25 milieu des années 70 que « la puissance des microprocesseurs
sera multipliée par deux tous les ans ». Depuis lors, elle double
en fait tous les dix-huit mois. Et personne ne sait quand cette
inflation, la « loi de Moore », stoppera.

La troisième étape est l'œuvre de deux couples. Le premier
unit Steve Jobs et Stephen Wozniak, deux jeunes ingénieurs à
30 peine sortis de l'adolescence. Ils vont créer coup sur coup deux
machines révolutionnaires.

De l'Apple II à Internet

D'abord l'Apple II, en 1978. Un instrument bon marché, sur
lequel peuvent tourner quelques logiciels extrêmement utiles :
35 traitement de texte, tableurs et... jeux. Brusquement, l'informatique peut entrer dans les très petites entreprises ou à l'intérieur
du foyer. En 1984, c'est la naissance du Mac. Pour rendre l'ordinateur populaire et pratique, on n'a toujours pas fait mieux. Il
reviendra pourtant à un autre tandem de pousser l'avantage
40 encore plus loin. Bill Gates et Paul Allen, les fondateurs de
Microsoft, sont obsédés par l'idée de voir un ordinateur dans
chaque foyer et sur chaque bureau. Ils vont se focaliser sur les
programmes, pour rendre les machines tellement utiles à
l'homme qu'il ne puisse plus s'en passer...

45 La quatrième étape de cette révolution s'appelle Internet. Au
départ, il s'agit d'un réseau qui relie quelques laboratoires tra-
vaillant pour l'armée américaine. Cela deviendra le moyen de
communication préféré des scientifiques du monde entier, avant
d'être popularisé par une invention du Britannique Tim Berners-
50 Lee : le World Wide Web, la toile d'araignée mondiale. Il s'agit en
fait d'un langage informatique, le « html », permettant une navi-
gation très facile d'un ordinateur à l'autre, d'un contenu à l'autre.
Brusquement, il n'est plus besoin d'être informaticien pour se
promener sur Internet.

Aujourd'hui, on estime que la matière intellectuelle 55
disponible sur ce réseau mondial double de volume tous les
cinquante-cinq jours. Thèses universitaires, discours politiques,
images de la Nasa, discussions sur des thèmes variés, ency-
clopédies, etc. Des centaines de millions de pages. La connaissance du monde entier y migre doucement. Les vices et les 60
extrémismes aussi, bien sûr.

La révolution est devant nous

Quelques histoires de pédophiles nous le rappellent
régulièrement. Mais n'exagérons pas ce phénomène : il y a pro-
portionnellement moins de choses choquantes sur Internet que 65
chez le marchand de journaux.

Les bienfaits d'une telle technologie sont réels. Quelle sera la
prochaine étape ? Personne ne le sait vraiment. Seule certitude,
énoncée par Nathan Myhrvold, docteur en physique, ancien
assistant de Stephen Hawking, devenu vice-président de 70
Microsoft : « Nous sommes aux balbutiements de cette révolution. Les bouleversements les plus importants sont encore à
venir. »

Ne sous-estimons pas l'importance de ce que nous vivons. Il
ne s'agit pas seulement de l'émergence d'une technologie un peu 75
sophistiquée (les ordinateurs). C'est bien plus que cela : c'est le
passage de l'ère de l'atome à l'ère de l'octet (élément de base du
code informatique). Autrefois, quand il fallait transférer de l'argent d'une banque à une autre, des convoyeurs armés jusqu'aux
dents accompagnaient le stock d'or ou de billets. Ils trans- 80
portaient des atomes. Aujourd'hui, il suffit d'une transaction
d'ordinateur à ordinateur pour obtenir le même résultat. Il y a un
simple transport d'octets.

L'économie de l'immatériel

85   Ces octets voyagent à la vitesse de la lumière et, au contraire des biens matériels, ils sont multiples et inépuisables. Si vous empruntez un livre, fait d'atomes, à la bibliothèque municipale, personne d'autre ne peut l'emprunter tant que vous ne l'avez pas restitué. En revanche, si vous prenez un document électronique, 90 fait d'octets, il reste immédiatement disponible pour n'importe qui. Il faut accepter quelque chose d'inconcevable pour nos grands-parents : on ne peut toucher des produits de très haute valeur qui ne vont exister que sur nos écrans, petits points lumineux prenant cohérence le temps d'un affichage. Et renouve- 95 lables à l'infini... C'est l'économie de l'immatériel.

Beaucoup d'entreprises ont compris l'intérêt d'une telle tech- nologie. Plus besoin, par exemple, d'imprimer des notices tech- niques à plusieurs milliers d'exemplaires : il suffit de les rendre disponibles sur CD-ROM (un seul disque peut contenir 100 600 000 pages) ou de les introduire sur le réseau. L'information pouvant être aisément partagée par tous, et à distance, le télétra- vail est promis à un essor important. Plus besoin d'envahir les villes d'immeubles de bureaux si votre secrétaire peut être à 600 kilomètres et votre bureau dans votre jardin.

105   Une révolution est en cours. On peut bien sûr tenter de vivre sans la regarder. Il est impossible de ne pas la subir, d'une façon ou d'une autre. Quand on lui fait part des réactions de gens niant l'avenir d'un tel phénomène, arguant qu'eux-mêmes n'y mettront pas le doigt, Nathan Myhrvold a une réponse toute prête : « C'est 110 une vue d'adulte. L'avenir appartient aux enfants. »

Adapté de Christophe Agnus, *L'Express*

Anticipation

1. Avez-vous un ordinateur ? Si oui, à quelles fins vous en servez-vous ?

2. Formez des groupes de trois. Dressez une liste des divers domaines qui se transforment rapidement sous l'influence des nouvelles technologies.

Compréhension

1. La première partie du texte résume les quatre grandes étapes de l'évolution de l'informatique. Donnez un titre à chacune de ces étapes. (*lignes 10 à 54*)

2. Relevez deux caractéristiques de l'Eniac.

3. Qu'est-ce qui a permis une diminution de la taille de l'ordinateur ?

4. Expliquez ce qu'est la « loi de Moore ».

5. Quels mots l'auteur emploie-t-il pour indiquer que Jobs et Wozniak étaient jeunes en 1978 ?

6. Les usagers du réseau Internet sont-ils restés les mêmes depuis le début ? Expliquez.

7. Expliquez en vos propres mots le sens de la phrase : « ...c'est le passage de l'ère de l'atome à l'ère de l'octet. » (*ligne 76*)

8. Qu'est-ce que nos grands-parents n'auraient pas pu imaginer ?

9. Relevez deux exemples de l'impact des nouvelles technologies sur le monde du travail. (*lignes 96 à 104*)

Vocabulaire

A. Complétez les phrases à l'aide d'un mot ou d'une expression de la liste ci-dessous. Faites les transformations grammaticales nécessaires.

coup sur coup, emprunter, mettre au point, à peine, en cours, en revanche, ouvrir la voie

a) Les deux jeunes ingénieurs qui _____ l'Apple II étaient _____ sortis de l'adolescence.

b) Ces ingénieurs ont créé _____ deux machines révolution-naires.

c) Le télétravail a ses bons côtés. _____, il peut créer un sentiment de solitude.

d) Une véritable révolution est _____.

e) L'Eniac créé en 1946 _____ aux ordinateurs modernes.

f) Les étudiants _____ souvent des livres à la bibliothèque.

B. Remplacez le terme entre parenthèses par un synonyme qui figure dans le texte. Le chiffre renvoie à la ligne appropriée. Faites les transformations grammaticales nécessaires.

a) Nous sommes _____ (encerclés) par l'informatique. (8)

b) Le microprocesseur a permis de réduire _____ (les dimensions) de l'ordinateur. (23)

c) Dans ce magasin, on trouve des ordinateurs _____ (à bas prix). (33)

d) Dans peu de temps, il y aura un ordinateur dans la plupart des _____ (maisons) en Amérique du Nord. (37)

e) Les ressources de la technologie semblent _____ (infinies). (86)

C. *Pratique orale du vocabulaire*
Travaillez deux par deux. À tour de rôle et oralement, formulez des phrases avec les éléments indiqués auxquels vous ajouterez des détails.

Vous pouvez exprimer des idées personnelles ou résumer des informations présentées dans le texte. «(s)» indique un mot au pluriel dans le texte.

1. Eniac / calculatrice de poche

2. bon marché et pratique / petite(s) entreprise(s) / foyer(s)

3. réseau Internet / armée américaine / moyen de communication / scientifique(s)

4. emprunter un livre / restituer / document électronique / disponible

5. technologie / télétravail

Discussion

1. Vous servez-vous du réseau Internet, du courrier électronique ? Si oui, dans quels buts ?

2. D'après vous, comment les nouvelles technologies transformeront-elles votre façon d'apprendre dans l'avenir ?

3. Quelle est l'importance de l'ordinateur dans l'emploi que vous souhaitez occuper à la fin de vos études ?

4. Pouvez-vous donner des exemples d'application des techniques de la réalité virtuelle ?

5. Comment les nouvelles technologies influent-elles sur les divers domaines artistiques ?

6. Que pensez-vous de la place qu'occupent les jeux vidéo dans le monde du divertissement ?

7. Associez-vous des dangers à l'informatique ? Si oui, lesquels ?

Composition

1. Les gouvernements devraient-ils imposer une censure au réseau Internet ? Justifiez votre opinion.

2. L'attrait qu'exerce l'inforoute peut-il mener à l'isolement social ?

3. Quelle place occupera l'ordinateur dans votre vie dans une vingtaine d'années ?

4. Commentez la dernière phrase du texte : « L'avenir appartient aux enfants. »

Activités

1. *Termes reliés à l'ordinateur*
Relevez les termes reliés à l'ordinateur dans le texte *Odyssée du cyberespace*. Cherchez les équivalents anglais de ces termes et présentez-les au reste de la classe.

2. *Recherche d'un article*
Cherchez sur Internet ou dans des journaux et des magazines de langue française un article récent portant sur le même sujet ou un sujet connexe et relevez-y trois informations qui vous semblent intéressantes. Formez des groupes de trois et faites part aux autres de vos découvertes. Remettez à votre professeur un résumé de l'article trouvé.

3. *Extrait d'un film*
Choisissez un extrait d'un film sur bande vidéo dans lequel apparaissent des images produites par ordinateur. Présentez l'extrait *sans bande sonore* et décrivez à voix haute et en détail ce qui se passe à l'écran au fur et à mesure que les images apparaissent. Faites cet exercice pendant environ une minute. Arrêtez le déroulement de la bande vidéo et choisissez un(e) camarade de classe qui devra, à son tour, continuer de décrire l'action. Faites des pauses de quelques secondes pour permettre à l'étudiant(e) de bien décrire ce qu'il ou elle voit. Après une minute, passez à quelqu'un d'autre, et ainsi de suite. Terminez l'activité en présentant l'extrait en entier, accompagné cette fois de la bande sonore (si, bien sûr, celle-ci est en français).

(*Suggestion pour les activités 1 et 3 :* le professeur peut désigner un groupe comme responsable de la préparation et du déroulement de l'activité.)

ARTICLE I 8

VIE EXTRATERRESTRE :
IL N'Y A PAS QUE MARS

Il a suffi de quelques molécules, bribes de vie, trouvées sur un caillou en provenance de Mars pour que resurgisse cette question : l'homme est-il vraiment seul dans l'Univers ? Ou existe-t-il, dissimulées au fin fond du cosmos, à des années-lumière de chez nous, quelques miettes d'intelligence, voire des êtres supérieurs à 5 nous qui évolueraient loin de nos regards sur des astres tournant autour de soleils semblables au nôtre ? Désormais, plus aucun scientifique n'oserait répondre par la négative. Parce que des astronomes ont très récemment découvert des planètes dans d'autres systèmes solaires. 10

Durant des années, les chercheurs n'étaient pas parvenus à les localiser, car elles étaient invisibles, masquées par l'éclat de leurs étoiles, noyées dans leur lumière aveuglante. Mais, en octobre 1995, deux Suisses, Michel Mayor et Didier Queloz, mettent en évidence l'existence de la première planète extrasolaire, une 15 géante, située près de l'étoile 51 dans la constellation de Pégase, à quelque 40 années-lumière de la Terre. Depuis, cinq autres astres, associés à des soleils lointains, ont été identifiés, dans la constellation de la Vierge, dans celle du Cancer, dans celle du Bouvier et dans la Grande Ourse. « Maintenant que nous possédons la technique, commente Jean Heidmann, astronome à 20 l'observatoire de Meudon, spécialiste de la vie extraterrestre,

nous allons pouvoir repérer de nombreuses vraies planètes autour de vrais soleils. » Découvertes majeures pour les chercheurs, puisqu'elles constituent la preuve de l'existence
25 d'autres mondes, la condition nécessaire, mais pas suffisante, à l'éclosion des organismes vivants.

Ni trop chaud ni trop froid

Pour émerger, la vie a besoin de conditions bien particulières. Il lui faut la présence de molécules, comme le carbone, l'oxygène, l'hydrogène et l'azote, qui se combinent sous l'effet des rayons
30 ultraviolets pour donner naissance à des corps organiques plus élaborés qui vont constituer les briques du vivant – les acides aminés – avec lesquels se bâtissent les protéines. « Or, explique Jean Heidmann, nous avons déjà retrouvé 100 de ces acides aminés dans différentes météorites, parmi eux, une dizaine qui sont indispensables aux protéines. » Preuve que, partout dans le
35 cosmos, se promènent les éléments qui, s'ils rencontrent un milieu propice, conduiront à la vie. Mais il faut aussi éviter les températures trop élevées ou trop froides, les atmosphères étouffantes ou trop ténues. Le manque d'oxygène est également néfaste. Le nid idéal : celui où il y a de l'eau et une température
40 comprise entre 0 et 300 °C. La candidate à la vie ne doit donc pas être trop près de son soleil - elle serait brûlante - ni trop loin - elle serait glaciale.

Le berceau rêvé n'a pas encore été découvert, mais les scientifiques ne désespèrent pas. La planète Mars a très probablement
45 porté des bribes de vie, comme l'affirme la Nasa, avant de devenir une sphère glaciale. Vénus aussi, avant de se transformer en fournaise. Persuadés qu'il doit y avoir quelque part, dans l'immensité, « une planète avec des fleurs », comme l'écrit joliment l'astronome Emmanuel Davoust, les scientifiques tentent de se
50 mettre à l'écoute de ces mondes lointains. C'est le cas des sept équipes (universités de Berkeley, de l'Ohio, Harvard, de Buenos

Aires, Parkes [Australie], de Bologne [Italie] et l'observatoire de Paris-Meudon), ainsi que de l'institut privé Seti (Californie) qui participent au programme Seti (Search for Extra-Terrestrial Intelligence). Avec de nouveaux récepteurs ultrasensibles qui ont été connectés aux grands radiotélescopes – les oreilles de la Terre – comme celui d'Arecibo, à Porto Rico, ou celui de Canberra, en Australie, les astronomes « écoutent » les milliers d'étoiles semblables à notre Soleil, dans l'espoir, un jour peut-être, d'y repérer des messages, des signaux radio artificiels, en provenance d'une civilisation lointaine.

En octobre 1993, le Congrès américain a supprimé les crédits que la Nasa consacrait au Seti. Qu'à cela ne tienne, l'équipe a quitté l'agence spatiale américaine pour créer l'institut privé qui, depuis, fonctionne fort bien avec des dons (4 millions de dollars par an). « Si l'annonce qu'une vie primitive a existé sur Mars est avérée, commente Jean Heidmann, le Congrès va peut-être revoir sa décision, puisque la probabilité de vie ailleurs dans l'Univers aura fortement augmenté. »

Une mission pour l'ONU

Aujourd'hui, quelques chercheurs, en collaboration avec l'Académie internationale d'astronautique et l'Institut international de droit spatial, réfléchissent à l'attitude qu'il faudra adopter si un message arrive dans les grandes oreilles de notre planète. Qui alerter ? L'ONU en priorité. Qui l'annoncera ? L'ONU encore. À qui appartiendra-t-il ? À l'humanité tout entière. Que devra faire la Terre ? Et faudra-t-il répondre ? Sur ce point, les chercheurs, les sociologues n'ont pas encore tranché. À l'instar de Camille Flammarion, il y a plus d'un siècle, nous nous demanderons : quelle place occupons-nous dans l'infini ?

Adapté de Françoise Harrois-Monin, *L'Express*

Anticipation

1. Croyez-vous que la vie puisse exister sur d'autres planètes que la Terre ? Pourquoi ?

2. À votre avis, pourquoi cette question passionne-t-elle plusieurs personnes ?

3. Deux pas deux, imaginez à partir du titre les idées qui peuvent être développées dans le texte.

Compréhension

1. Quelle question pose-t-on dans le premier paragraphe et quelle est la réaction des scientifiques face à cette question ?

2. Quel mot le pronom *les* remplace-t-il dans la phrase : «...les chercheurs n'étaient pas parvenus à *les* localiser... » ? (*ligne 11*)

3. Jusqu'à récemment, il était impossible de repérer des planètes dans d'autres systèmes solaires. Pourquoi est-ce possible maintenant ?

4. Quels sont les éléments indispensables à la formation des protéines ?

5. Quel mot le pronom *eux* remplace-t-il dans la phrase : «...nous avons déjà retrouvé 100 de ces acides aminés dans différentes météorites et, parmi *eux*, une dizaine qui sont indispensables aux protéines » ? (*ligne 33*)

6. Relevez aux lignes 25 à 29 trois paires d'adjectifs exprimant des caractéristiques qui s'opposent.

7. Que signifie l'expression « le berceau rêvé » ? (*ligne 43*)

8. Quelle image l'auteure associe-t-elle aux grands radiotélescopes ?

9. Qu'est-ce qui pourrait motiver le Congrès américain à attribuer des sommes d'argent au Seti ?

10. Les chercheurs croient-ils qu'il faudra répondre à un message extraterrestre ?

Vocabulaire

A. Expliquez la différence de sens entre les mots suivants :

astronome / astrologue / astronaute

B. Remplacez le terme entre parenthèses par un synonyme qui figure dans le texte. Le chiffre renvoie à la ligne appropriée. Faites les transformations grammaticales nécessaires.

a) Un caillou _____ (venant) de Mars a causé tout un émoi. (*2*)

b) On _____ (réussit) rarement à repérer de nouvelles planètes. (*11*)

c) Les planètes sont parfois _____ (cachées) par une grande lumière. (*12*)

d) Certaines planètes présentent des conditions _____ (favorables) à l'apparition de la vie. (*36*)

e) Devrait-on _____ (donner) plus d'argent à ces recherches ? (*63*)

f) Les gouvernements _____ (réviseront) leur stratégie si on découvre de la vie ailleurs. (*67*)

g) _____ (Comme) beaucoup de chercheurs, nous nous demandons si nous sommes seuls dans l'univers. (*78*)

C. *Mots de la même famille*
Complétez le tableau suivant à l'aide d'un adjectif qui figure dans le texte au paragraphe indiqué.

Verbe	Adjectif
ressembler	_____ (*par. 1*)
aveugler	_____ (*par. 2*)
suffire	_____ (*par. 2*)
étouffer	_____ (*par. 3*)
atténuer	_____ (*par. 3*)
brûler	_____ (*par. 3*)
glacer	_____ (*par. 3*)
éloigner	_____ (*par. 4*)

D. À l'aide du contexte et de votre dictionnaire, expliquez le sens de l'expression soulignée dans les phrases ci-dessous. Le chiffre renvoie à la ligne où se trouve l'expression dans le texte.

a) au <u>fin fond</u> du cosmos *(4)*

b) quelques <u>miettes d'intelligence</u> *(5)*

E. Que signifie l'expression : « *Qu'à cela ne tienne* » ? *(63)*

a) peu importe, cela n'est pas un obstacle

b) cela est intéressant

c) cela est étrange

F. *Pratique orale du vocabulaire*
Travaillez deux par deux. À tour de rôle, posez les questions à votre partenaire, qui devra répondre à l'aide du mot ou de l'expression entre parenthèses tout en donnant le plus d'information possible. Commentez l'emploi du mot ou de l'expression dans la réponse.
(Faites les transformations grammaticales au besoin.)

Étudiant(e) A

1. Se peut-il qu'il y ait de la vie sur Mars ? (propice)

2. Pourquoi la vie ne peut-elle pas se retrouver sur une planète très éloignée de son soleil ? (glacial)

3. Pourquoi certaines planètes sont-elles très difficiles à voir ? (lumière aveuglante)

4. Que pensent certains chercheurs ? (au fin fond du cosmos)

Étudiant(e) B

1. Qu'arrive-t-il lorsqu'une planète est très près de son soleil ? (brûlant)

2. Est-ce que les chercheurs localisent facilement des planètes extra-solaires ? (parvenir à)

3. Comment les chercheurs tentent-ils de repérer des messages extraterrestres ? (ultrasensible)

4. Pourquoi certaines planètes sont-elles impossibles à localiser ? (masqué)

Discussion

1. Comment imagine-t-on généralement les extraterrestres ?

2. Selon vous, comment les Terriens réagiraient-ils à l'annonce d'un message quelconque provenant d'une autre planète ?

3. Les gouvernements devraient-ils investir davantage dans la recherche sur la vie extraterrestre ? Pourquoi ?

4. Avez-vous vu des films ou lu des romans traitant de vie extraterrestre ? Qu'en pensez-vous ?

5. Les ovnis (objets volants non identifiés) existent-ils vraiment ou sont-ils plutôt le résultat d'hallucinations ?

Composition

1. L'ONU annonce que la vie existe ailleurs dans l'Univers. Imaginez votre réaction.

2. Vous écrivez des romans de science-fiction. On vous demande de rédiger un court texte dans lequel vous décrivez une forme de vie autre que celles que nous connaissons sur Terre.

3. Quels aspects de notre planète aimeriez-vous montrer à un être venu d'ailleurs ?

Activités

1. *Recherche d'un article*

• À l'extérieur de la classe

Cherchez dans des journaux et des magazines de langue française un article récent portant sur la vie extraterrestre. Notez de façon succincte les idées principales du texte et préparez quelques questions de discussion.

• En classe

Travaillez deux par deux. À l'aide de vos notes, présentez à votre partenaire un compte rendu oral de l'article que vous avez choisi. Discutez-en à partir de vos questions. Remettez à votre professeur un résumé de l'article.

2. *Extrait d'un film de science-fiction*

Organisez le visionnement d'un court extrait d'un film de science-fiction en français que vous trouvez intéressant. Situez brièvement l'extrait dans le déroulement de l'histoire. Commentez le film. L'intrigue est-elle cohérente ? Les dialogues sont-ils intéressants ? Y a-t-il de la violence ? Y a-t-il des effets spéciaux ? Que pensez-vous du jeu des acteurs ?...

(*Suggestion* : le professeur peut désigner un groupe comme responsable de la préparation et du déroulement de cette activité.)

ARTICLE 19

Voyager dans le temps, science ou fiction ?

Voyager vers le futur ? On le fait déjà de quelques millionièmes de seconde. Ce sont plutôt les voyages vers le passé qui torturent les méninges des physiciens.

Longtemps considérés comme une absurdité scientifique, les voyages dans le temps suscitent depuis quelques années un regain d'intérêt. Récemment, certains chercheurs ont mis à jour des pistes suffisamment convaincantes pour ébranler les certi-
5 tudes de sommités comme Stephen Hawking. L'astrophysicien britannique a longtemps considéré que ces voyages n'avaient leur place qu'au rayon de la science-fiction. Dans l'introduction du livre *La physique de Star Trek*, de Lawrence M. Krauss, publié en novembre 1995, Hawking admet maintenant qu'il sera possible
10 un jour de fabriquer une machine à voyager dans le temps.

 « Le milieu scientifique sait depuis longtemps qu'il est théoriquement possible de voyager vers le futur, explique Stéphane Durand, docteur en physique théorique et chercheur au centre de recherche en mathématiques de l'Université de
15 Montréal. Mais ce sont les voyages vers le passé qui semblaient impensables pour des gens comme Hawking. »

 Avant de songer à remonter le temps, il faut d'abord expliquer pourquoi les promenades vers le futur sont – en théorie, bien sûr – plus « simples » à réaliser. « D'ailleurs, dit Stéphane Durand,

on a déjà vérifié leur faisabilité en laboratoire ! La théorie de la 20
relativité restreinte d'Einstein l'a démontré dès 1905 : le temps ne
s'écoule pas de la même façon pour une personne en mouvement
que pour une autre au repos. »

En fait, le temps s'égrène moins rapidement pour un pilote de
navette spatiale en orbite autour de la planète que pour un 25
téléspectateur l'observant de son salon. Et plus la vitesse de l'astronaute est grande, plus l'écart qui le sépare des simples mortels
est important.

Le paradoxe des jumeaux de Langevin, du nom du physicien
français Paul Langevin qui l'imagina en 1911, exprime bien cette
réalité. 30

Des jumeaux, Éloi et Rémi, ont 20 ans. Rémi part en voyage
à bord d'une fusée filant à une vitesse proche de celle de la
lumière pour se rendre à une étoile distante de quelques années-
lumière. À son retour sur Terre, Rémi a vieilli moins vite qu'Éloi.
Et comme Éloi est maintenant plus vieux que Rémi, ils ne sont 35
plus jumeaux !

Pour démontrer la validité du paradoxe, on a réalisé plusieurs
expériences. En 1971, notamment, des chercheurs du US Naval
Observatory ont placé une horloge atomique dans un avion et
une autre, parfaitement synchronisée avec la première, au sol. 40
Après un tour complet du globe, l'horloge de l'avion accusait un
retard sur l'autre. Si minuscule soit-il – à peine quelques pous-
sières de seconde –, cet écart prouve que Langevin avait visé
juste.

Sauf qu'avant d'obtenir des résultats intéressants pour un être 45
humain, il reste du chemin à faire. On est encore bien loin d'avoir
sous la main l'énergie nécessaire pour y parvenir.

En effet, la théorie d'Einstein prévoit que tout objet accéléré à
des vitesses proches de celle de la lumière voit sa masse augmenter. L'énergie nécessaire à cette accélération doit donc 50
s'accroître aussi. Comme quoi, pour atteindre seulement la moitié

de la vitesse de la lumière, un vaisseau spatial aurait besoin d'une quantité d'énergie impensable à stocker à l'aide des moyens actuels.

55   Bref, les voyages vers le futur sont possibles à condition de disposer d'une technologie capable d'emmagasiner, par exemple, l'énergie d'un soleil ou deux dans le réservoir d'un vaisseau spatial.

Qu'advient-il, alors, des voyages dans le passé ?

60   Selon Einstein, si un voyageur atteignait la vitesse *c* (vitesse de la lumière), le temps s'arrêterait pour lui. Et s'il parvenait à une vitesse supérieure à *c* (comme le fait quotidiennement l'équipage de *l'Enterprise* dans *Star Trek*), il reculerait littéralement dans le temps ! Mais l'ennui – encore une fois –, c'est que la relativité

65   considère d'abord *c* comme une vitesse qu'on ne peut atteindre, comme on vient de le voir, et encore moins dépasser !

L'hypothèse la plus solide – ou la moins chambranlante – pour envisager un retour vers le passé serait d'emprunter des « trous de ver », ces tunnels de l'espace aux étranges propriétés.

70   Pour mieux comprendre les trous de ver, il faut recourir à la seconde théorie d'Einstein, celle de la relativité générale, émise en 1915 qui dit que la gravité courbe l'espace. Depuis cette époque, on ne considère plus l'espace comme uniforme et absolu, mais comme quelque chose qui se forme et se déforme en fonction des

75   objets plus ou moins massifs qu'il contient.

Ce qui signifie que des objets comme les trous noirs (à densité infinie) auraient la capacité de courber l'espace au point de relier deux régions de l'Univers par une sorte de tunnel, qu'on a plus tard surnommé trou de ver (du terme anglais *wormhole*,

80   inventé par le physicien John Weeler).

Pour illustrer le plus simplement possible ce que sont ces tunnels, il faut s'imaginer que l'espace est une feuille de papier courbée (*voir l'illustration 1*). Nous vivons sur cette feuille en ayant l'impression qu'elle est droite, alors que ce n'est pas le cas.

Or, si on situe la Terre à un point A et une étoile lointaine à un 85
point B, le chemin le plus court pour se rendre de A à B peut sembler être la ligne droite. Mais, puisque l'espace est courbé, il serait
plus rapide de passer d'une face à l'autre en faisant un trou.

En empruntant ce trou de ver, on pourrait se rendre à un
point éloigné de l'Univers presque instantanément. On arriverait 90
donc sur cette planète lointaine dans le passé.

À la demande de Carl Sagan, qui travaillait à l'écriture du
roman de science-fiction *Contact*, le physicien Kip Thorne et une
équipe de chercheurs du California Institute of Technology ont
conçu les plans d'une machine à voyager dans le temps. 95

Pour mieux comprendre cette machine, explique Stéphane
Durand, on peut prendre l'exemple d'une maison sur Terre et
d'une fusée prête à décoller (*voir l'illustration 2*). On relie la maison à la fusée par un trou de ver. Nous sommes en l'an 2000, la
fusée décolle et entame un voyage à très grande vitesse. Le trou 100
de ver, toujours relié à la fois à la fusée et à la maison, s'allonge à
volonté.

Puis, la fusée revient sur Terre, toujours liée au trou de ver
qui, lui, s'est rétracté durant le trajet de retour. Pendant le voyage, 10 années se sont écoulées sur Terre – on est en 2010 –, mais 105
une seule dans la fusée, parce qu'elle se déplaçait très rapidement.
À l'embouchure du trou de ver, côté fusée, on est donc en 2001
et à l'autre bout, côté maison, en 2010. Ainsi, si une personne
entre dans le tunnel par l'ouverture située dans la maison, elle
devrait ressortir à l'autre bout, dans la fusée, en 2001 ! 110

En tenant compte des monstrueuses embûches tech-
nologiques à surmonter, est-il raisonnable de penser qu'on
puisse, un jour, fabriquer une machine aussi invraisemblable ?

Stéphane Durand entretient un optimisme mesuré à ce sujet,
un optimisme lié à la nature même de son travail. « Les gens qui 115
font des recherches en physique théorique ont l'habitude de mettre de côté leur sens commun pour interpréter les résultats des

équations. Plus on progresse, plus la physique devient abstraite. Et comme l'histoire a démontré que des résultats cohérents en mathématiques mais absurdes sur le plan physique ont par la suite été prouvés, on garde l'esprit ouvert, même devant des idées aussi folles que les voyages dans le temps. »

Et si des sommités comme Stephen Hawking se permettent de rêver tout haut, pourquoi n'en ferions-nous pas autant ?

Adapté de Félix Légaré, *Québec Science*

Illustration 1

Pour se rendre de A à B, on suivrait normalement la courbure de l'espace en ayant l'impression de faire un trajet en ligne droite. Pour aller plus vite, un voyageur pourrait traverser le trou de ver qui relie deux parties de l'Univers grâce è une force de gravité infinie

Illustration 2

La machine à voyager dans le temps

1. Au moment du départ, nous sommes en l'an 2000 dans la maison comme dans la fusée.

2000

2. La fusée voyage à une vitesse proche de celle de la lumière. Le trou de ver s'étire et relie continuellement la maison à la fusée.

2000

3. Comme le veut la relativité restreinte, le temps passe plus vite dans la maison immobile que dans la fusée qui voyage à une vitesse proche de celle de la lumière. Les temps dans la maison et dans la fusée ne sont plus les mêmes.

2010   2001

4. La fusée revenue, 10 ans se sont écoulés sur Terre tandis qu'une seule année a pu, par exemple, s'écouler dans la fusée. Une personne vivant dans la maison se trouve donc en l'an 2010. En traversant le trou de ver de la maison à la fusée, elle en ressortirait en 2001.

2010   2001

5. La même personne refait le chemin inverse, repasse par le trou de ver et se retrouve de nouveau en 2010.

2010   2001

Anticipation

1. Êtes-vous amateur de science-fiction ?

2. Croyez-vous qu'il sera possible un jour de voyager dans le temps ?

3. Savez-vous qui est Stephen Hawking ?

Compréhension

1. Qu'est-ce qui a changé dans les certitudes de Stephen Hawking ?

2. Quels voyages étaient plus facilement concevables pour Hawking ?

3. Quel est l'impact des théories d'Einstein sur notre compréhension du temps ?

4. Expliquez en vos propres mots comment on a démontré la validité du paradoxe de Langevin.

5. Pourquoi est-ce impossible à l'heure actuelle de voyager à la vitesse de la lumière ?

6. Quelle phrase du texte fait la transition entre les voyages vers le futur et ceux vers le passé ?

7. Selon Einstein, comment pourrait-on théoriquement voyager vers le passé ? Pourquoi est-ce impossible ?

8. Quelle pourrait être la solution qui permettrait de faire des voyages vers le passé ?

9. Comment la conception de l'espace s'est-elle transformée avec la loi de la relativité générale d'Einstein ?

10. La machine de Kip Thorne permettrait-elle de voyager vers le passé ?

11. Expliquez en vos propres mots l'attitude de Stéphane Durand face aux voyages dans le temps.

Vocabulaire

A. À l'aide du contexte et de votre dictionnaire, expliquez en français le sens des expressions ci-dessous. Le chiffre renvoie à la ligne où se trouve l'expression dans le texte.

   a) avait visé juste *(43)*

   b) il reste du chemin à faire *(46)*

   c) avoir sous la main *(46)*

   d) rêver tout haut *(134)*

B. Remplacez le terme entre parenthèses par un synonyme qui figure dans le texte. Le chiffre renvoie à la ligne appropriée. Faites les transformations grammaticales nécessaires.

   a) Pour plusieurs scientifiques, reculer dans le temps semble _____ (inconcevable). *(16)*

   b) Il faudra des années-lumière pour _____ (aller) à l'étoile la plus proche. *(33)*

   c) Pour _____ (arriver) à une vitesse proche de celle de la lumière, il faut une très grande énergie. *(47)*

   d) Il est difficile de _____ (imaginer) une telle machine. *(68)*

   e) Les scientifiques devront surmonter des _____ (obstacles) incroyables. *(111)*

C. À l'aide du contexte et de votre dictionnaire, expliquez en français le sens des verbes <u>filer</u> et <u>emprunter</u> dans les phrases ci-dessous. (Le sens du verbe en italique dans la première phrase se retrouve dans le texte à la ligne indiquée entre parenthèses.)

filer :

Dans le futur, les avions *fileront* à une vitesse proche de celle de la lumière. *(32)*

Ma grand-mère *filait* de la laine à la main.

Le policier *file* un suspect.

emprunter :

L'hypothèse la plus solide serait d'*emprunter* des trous de ver. *(68)*

J'ai *emprunté* de l'argent à mes parents.

D. Complétez les phrases suivantes à l'aide de la liste de mots ci-dessous. Faites les transformations grammaticales nécessaires.

décoller, emmagasiner, s'écouler, sommité, reculer, invraisemblable, physicien, susciter

a) Hawking conçoit difficilement qu'on puisse _____ dans le temps.

b) Hawking est un _____ respecté. Il est considéré comme une _____ en physique.

c) Le temps _____ plus lentement pour une personne en mouvement.

d) Pour voyager à la vitesse de la lumière, il faut pouvoir _____ une énorme quantité d'énergie.

e) La machine de Thorne vous semble-t-elle _____ ?

f) La fusée n'a pas pu _____ à cause du mauvais temps.

g) Les voyages dans le temps _____ beaucoup d'intérêt.

E. *Pratique orale du vocabulaire*
Travaillez deux par deux. À tour de rôle, posez les questions à votre partenaire qui devra répondre à l'aide du mot ou de l'expression entre parenthèses tout en donnant le plus d'information possible. Commentez l'emploi du mot ou de l'expression dans la réponse. (Faites les transformations grammaticales au besoin.)

Étudiant(e) A

1. Qui est Stephen Hawking ? (sommité)

2. Que penses-tu de la machine de Thorne ? (emmagasiner, invraisemblable)

3. Pourquoi les trous noirs sont-ils intéressants ? (courber)

4. Crois-tu qu'un jour on voyagera dans le temps ? (chemin à faire)

5. Combien de temps faut-il pour atteindre l'étoile la plus proche ? (se rendre)

Étudiant(e) B

1. Qu'est-ce qui est impensable pour les scientifiques ? (reculer)

2. Pourquoi ne peut-on pas voyager vers le passé à l'heure actuelle ? (avoir sous la main)

3. Qu'est-ce que le Concorde a de particulier ? (filer)

4. As-tu entendu un grand bruit ce matin ? (décoller)

5. Quelle route pourrait-on prendre pour retourner vers le passé ? (emprunter)

Discussion

1. Que pensez-vous de la série télévisée Star Trek ? Pourquoi une telle série est-elle si populaire ?

2. Les voyages dans le temps sont-ils pour vous des « idées folles » ?

3. Aimeriez-vous voyager dans une machine comme celle de Kip Thorne ? Si oui, iriez-vous vers le passé ou vers le futur ?

4. Selon vous, quels seraient les bienfaits d'une telle machine pour l'humanité ?

5. Associez-vous des dangers à cette machine ? Si oui, lesquels ?

6. Si vous pouviez retourner dans votre passé, changeriez-vous le cours de certains événements ? Si oui, lesquels ?

Composition

1. Si vous faisiez un voyage dans le temps, où iriez-vous ? Qui emmèneriez-vous ? Comment s'effectuerait le départ ? Auriez-vous peur ? Que verriez-vous autour de vous ?...

2. Vous êtes critique de cinéma pour un journal étudiant. Préparez la critique d'un film de science-fiction que vous trouvez particulièrement intéressant.

3. Imaginez un dialogue entre les jumeaux Éloi et Rémi alors que ce dernier revient sur Terre.

4. Vous êtes inventeur ou inventrice. Vous avez imaginé une machine extraordinaire. Décrivez votre invention.

Activités

1. *Quelques concepts*
Un(e) étudiant(e) qui s'intéresse à la science-fiction explique au groupe les concepts suivants :

   • Le paradoxe des jumeaux de Langevin

   • Les trous de ver

   • La machine de Kip Thorne

2. *Les visiteurs*
Choisissez un court extrait du film *Les visiteurs*. Préparez des questions de compréhension et de discussion sur cet extrait. Distribuez les questions avant le visionnement et assurez-vous que vos camarades de classe les comprennent bien. Au besoin, repassez l'extrait plusieurs fois. Les étudiant(e)s répondent oralement en sous-groupes. Discutez des réponses avec tout le groupe.

   (*Suggestion* : le professeur peut désigner un groupe comme responsable de la préparation et du déroulement de l'activité.)

Sources

Éditorial

L'éditeur remercie les maisons d'édition et les auteurs pour l'autorisation de reproduire les extraits suivants :

1. Martine Turenne, adaptation d'un extrait de « Les métiers ont encore une sexe », *Châtelaine*, janvier 1997, pages 28 à 30, 32 et 34.

2. Bernard Élie, « Adapter l'université aux étudiants », *Le Devoir*, 4 janvier 1996, A6.

3. Diane Bérard, adaptation d'un extrait de « À la recherche de l'argent rose », *Commerce*, avril 1996, pages 48 à 50.

4. Marie-Claude Ducas, adaptation d'un extrait de « L'odeur de l'argent », *L'actualité*, 1er avril 1996, pages 31-32.

5. Louise Gendron, extrait de « Les médias menacent la démocratie », *L'actualité*, 1er septembre 1996, pages 41-42.

6. Patrick Grandjean, adaptation d'un extrait de « Moi chez moi, toi chez toi », *Elle Québec*, août 1996, pages 56 à 58.

7. Pierre Bourgault, extrait de « L'information par témoignage », dans *La colère, Écrits polémiques, tome 3*, © 1996 Lanctôt Éditeur, Montréal , pages 31 à 37.

8. Martine Turenne, adaptation d'un extrait de « Les enfants surmenés », *Châtelaine*, novembre 1996, pages 29 à 31.

9. Anne-Marie Lecompte, adaptation d'un extrait de « Quand l'amour commence mal » (apparaissant dans ce livre sous le titre « La violence chez les adolescents »), *Châtelaine,* septembre 1996, pages 86 à 89.

10. Félix Légaré, adaptation d'un extrait de « Sectes, comment on tire les ficelles » (apparaissant dans ce livre sous le titre « Les sectes »), *Québec Science*, novembre 1996, pages 17 à 19.

11. Marie-Claude Ducas, adaptation d'un extrait de « Canadiens vs Américains ! Une société distincte » (apparaissant dans ce livre sous le titre « Canadiens vs Américains »), *L'actualité*, février 1996, pages 12 à 14.

12. Ludmila Bovet, adaptation d'un extrait de « Avons-nous mal à notre français ? », *Québec français*, printemps 1997, n° 105, pages 100 à 102.

13. Monique Guilbault, adaptation d'un extrait de « Invasion dans l'intimité des rêves » (apparaissant dans ce livre sous le titre « Des histoires à dormir debout »), *La Presse*, 13 novembre 1994, C1.

14. Josée Blanchette, adaptation d'un extrait de « Jeux de paume », *Le Devoir*, 9 août 1996, B1.

15. Sophie Coignard, adaptation d'un extrait de « Les prodiges de l'effet placebo », *Le Point*, n° 1241, 29 juin 1996, pages 78 à 86.

16. Claude Forand, adaptation d'un extrait de « Pourquoi eux et pas nous ? », *Québec Science*, juillet-août 1996, pages 17-18.

17. Christophe Agnus, adaptation d'un extrait de « 2001, Odyssée du cyberespace » (apparaissant dans ce livre sous le titre « Odyssée du cyberespace », *L'Express*, n° 2366, 7 novembre 1996, pages 72 à 76 et page 78.

18. Françoise Harrois-Monoin, adaptation d'un extrait de « Vie extraterrestre : il n'y a pas que Mars », *L'Express*, n° 2354, 15 août 1996, pages 39-40.

19. Félix Légaré, adaptation d'un extrait de « Voyager dans le temps, science ou fiction ? », Québec Science, février 1996, pages 17 à 20.

Photos

Partie I : Être étudiant de nos jours. Jean René, Hull, Québec.

Partie II : L'argent mène-t-il le monde ? Alfred Gescheidt/The Image Bank

Partie III : Phénomènes sociaux. Gaétan Plouffe, St-Laurent, Québec.

Partie IV : Une question d'identité. Marc LeMyre.

Partie V : Le corps et l'esprit. Betsie Van Der Meer/Tony Stone Images

Partie VI : Visions d'avenir. Superstock, Inc.

Illustrations

Rémi Simard, « Voyager dans le temps, science ou fiction ? », *Québec Science*, février 1996